# マスメディアの罪と罰

（ジャーナリスト）
髙山正之×阿比留瑠比
（産経新聞論説委員）

ワニブックス

# はじめに

２０１７年の話だが、森友学園・加計学園を巡る一連の疑惑を取り上げた朝日新聞の報道が「ＪＣＪ（日本ジャーナリスト会議）賞」を受賞した。ＪＣＪ賞は優れたジャーナリズム活動に贈られる賞だということになっている。何かの間違いか、あるいは悪い冗談だろう。

いまや日本のジャーナリズムは業界全体で迷走している。恥ずかしげもなく「報道しない自由がある」などと主張するメディアまで現れている。

とくに昨今の朝日新聞は、血迷った挙げ句に、逆恨みして安倍政権と日本人に向かって呪いの言葉を口走るだけのデマ新聞になり果てた。そんな新聞に本気で賞を出したとＪＣＪは言う。ジャーナリストの名が泣くし、それを異様とも思わないマスコミの対応にもっと驚かされる。日本のメインストリームメディアはもはや死んだのだろうか。

マスコミの使命は反権力の言論にあり、リベラルこそが絶対の正義であり、反権力とリベラル・イデオロギーのためならばいくら嘘をついてもかまわない、などという幼稚な価値観はいつ生まれたのか。朝日新聞が臆面もなくそう公言したのは2007年、朝刊一面トップで表明した「ジャーナリズム再興」においてだ。それほど昔のことではない。しかし、その根は深い。

日本は清を倒した。当時の最強国だったロシアも破った。いずれも自衛の思いからの戦いだったが、気が付いたとき、日本は白人優越主義をかざすアメリカの「倒すべき敵」になっていた。

挑まれた戦いに日本は粛々と応じ、それでも最善の戦いをした。

戦争には敗れたものの、日本は白人帝国主義の土台を成していた植民地をすべて解放し、白人種だけでなくアジア人もアフリカ人もそれぞれが自立し独立した国を営める新しい時代を生み出した。

「戦争とは他の手段をもってする政治の継続」とクラウゼウイッツは言う。

人を人ともみなさなかった白人帝国主義を速やかに終結させたという意味で日本は見事な国際政治を行ったともいえるが、その分、日本は白人の妬みや恨みを一身に負い、戦後政策という名のもとに国の形も歴史も日本人という民族意識も物理的、心理的に解体される。代わって日本は残虐な侵略国家でアジア諸民族を虐げ、殺戮したという自虐史観を植えこまれた。彼らのいうウォー・ギルト・インフォメーション・プログラム（ＷＧＩＰ）による歴史の捏造だった。

朝日新聞やＮＨＫはそんな現場に立ち会いながら、それを偽りと知りながら日本解体と自虐史観を受け入れて己の生き残りを図った。緊急避難と言ってもいいが、彼らは日本が独立した後も己を正当化するため、そんなまがいものの価値観、歴史観を守り続け、いまだに吹聴し続けている。

そのいびつさを日本人自身が気づき始めた。

安倍晋三は、正しい歴史を取り戻すために努力している数少ない政治家のひとりだ。第二次政権を立ち上げる直前、彼はＷＧＩＰに未だにしがみつく朝日新聞を名指しで、フェイクニュースと指摘したのはまさに正しい歴史を取り戻すための宣戦布告と理解していい。

自らは絶対の安全地帯にいると信じ、偽りを報道して恥じなかったマスメディアには驚天動地の出来事だっただろう。しかもそれは朝日新聞の「吉田清治」の記事全面取り消しという大きな敗北を味わうことになった。今はなりふり構わぬ安倍潰しに狂奔する理由はそれに敗れればもう廃刊しかないからだ。

私も17年前はマスメディアの中にいた。一介の新聞記者であった。ゆえによくわかるのだ、連中の欺瞞や特権意識が。

本書は、産経新聞の後輩記者にあたる阿比留瑠比氏との対談本である。世代は異なる。畑も違ったが、当時からできる記者だった。

阿比留氏は今や隠れもない産経新聞の看板記者だ。眼力も筆力もある。こちらがOBとなった後も交流はある。彼は90年代から安倍晋三をマークし、以来、第一次政権崩壊後の失意の時代も通して接し続けていた。今や世界のキーマンともなった安倍氏の数々の肉声を記録してきた数少ない記者のひとりだ。

阿比留氏はまた、多忙な記者生活の中、実名でブログを書き、著作も次々と執筆するバイタイタリティも持つ。そのコラムは若者の間でも確かに人気が高い。視点も確かだ。そんな後輩と日本のメディアの在り方を忌憚なく語り合ったのが本書である。日本を考えるとき少しでも参考になればと願っている。

２０１９年1月

高山正之

# 目次

はじめに

第1章

# 真実は「歴史」を知ることで見えてくる

第2章

# マスメディアの正体を暴く

## 第3章 モンスター化するメディアの騙しの手口

## 第4章

# 欧米リベラルメディアの没落

## 第5章 団塊世代とともに消えゆく旧メディア



## おわりに

# 第1章

# 真実は「歴史」を知ることで見えてくる

## ●日本を美談の主にはしないという歴史歪曲

**髙山正之（以下、髙山）**　歴史戦は、先の戦争のはるか前に始まっていた。その仕上げがコーデル・ハル（フランクリン・ルーズヴェルト政権下における1933年から1944年までの米国務長官）が1941年11月に日本に送り付けた「ハル・ノート」です。仏領インドシナから撤退しろ、中国からも日本の生命線、満洲からも出ていけ。親日派の汪兆銘《おうちょうめい》政権を捨てて米国傀儡《かいらい》の蔣介石《しょうかいせき》を認めろ。そういった日本が絶対飲めない要求を突き付けてきた。

江戸時代末期、薩長の肩をもつか徳川の肩をもつかで、英国とフランスが盛んに動いた。しかし彼らは別に日本を同等の国と見做《な》して助力しようとしたのではなく、彼らにとって役に立つ存在かどうかだけで考えていた。

あの時代、マルクスやトクヴィルが言っていたように白人以外は単に動物か家畜ぐらいにしか考えていなかった。先の戦争は、日本という一筋縄ではいかない有色人種国家を退治するために同種の中国人と争わせて潰せないまでも疲弊させようとした。それが、中国大陸での白人国家の思惑だった。

その歴史戦は日露戦争が大きな起点になった。あのころ、中国人の若者は日本に留学に来て一生懸命に学んだ。日清戦争の敗北の責任を取って自殺した丁汝昌《ていじょしょう》はアジアを飲み込もうとする白人帝国主義に警戒心をもって「日支が手を携え欧鯨米虎に当たらねばならない」と語っていた。日本に遊学に来た中国人の多くもそう考えていた。日本と中国が接近した。その現象に白人国家は危惧した。そういう背景の中で日本は世界最強を謳われたロシア陸軍と独仏をしのぐと言われたロシア海軍をいともあっさり破ってしまった。

「（知恵の）日本と（人口大国の）中国が手を握れば、この二国が世界のヘゲモニーを取らないとだれが言いきれるか」（ムッソリーニ）という状況になってきた。日本の伸長を警戒してきた米国のセオドア・ルーズヴェルトはすぐさま手を打った。それが日露の講和、ポーツマス条約で、日本をさらなる強国にしないように一銭の賠償金も、寸土の領土も与えない結論に追い込んだ。

その一方で義和団の乱の賠償金を使って北京に清華大を建て、日本に流れる留学生を米国に顎足付きで呼び寄せ、親米反日にして送り返した。宋美齢《そうびれい》、胡適《こせき》、顧維鈞《こいきん》、董顕光《とうけんこう》など日中史に顔を出す多くが米国留学生上がりだ。それで日中の間を引き裂き、さらに一歩進めて蔣介石に日貨不買運動と日本人殺しをやらせた。16人を殺した済南《さいなん》事件、約250人を虐殺した通州《つうしゅう》事件、そして7万の精強部隊に日本租界を攻撃させた第二次上海事変が続き、日本軍は中国大陸に50個師団のうち40個師団も張り付けざるを得なくなった。

それで「ハル・ノート」を日本に突き付けた。日本は片足どころか腰まで中国大陸の泥沼に突っ込んだまま、対米英戦を戦うことになったのが先の戦争です。

ハーバート・フーヴァー(第31代米大統領)の回想録、『裏切られた自由(上・下)：フーバー大統領が語る第二次世界大戦の隠された歴史とその後遺症』(ハーバート・フーヴァー著　ジョージ・H・ナッシュ編　渡辺惣樹訳　草思社　2017年　米国では2011年に刊行)の中に、1946年5月4・5・6日の日付で「マッカーサー将軍との会談」というのが史料として付いています。その中でフーヴァーは《私は、日本との戦いは、狂人が望んだものだと言うと、彼(編集部注：ダグラス・マッカーサー)はそれに同意した》と述べている。狂人とはルーズヴェルトのことです。

真珠湾も、ルーズヴェルトが1年半前から太平洋艦隊を孤立無援のハワイに「ハイ攻撃してくださいよ」と囮で置いていた。実際、あの戦争が終わったら太平洋艦隊は元の米国西海岸に帰っている。今はサンディエゴにあるけれど、そんなことはハワイの状況を見なくたって分かる話だ。

フーヴァー回顧録は言われるほど先の対日戦争のことは書かれていない。日本との関係についての記述はこの上下巻１４００頁のうち30ページもない。しかもフーヴァーは日本のことなどまったく知らない。中国大陸での状況も知らず、「日本は北京から南を占領している」と言っている程度。だいたい日本を敵視し、スティムソン・ドクトリンを発表させ、満洲を日本の不法占領地にした当の大統領だ。

先の戦争はルーズヴェルトがすべて仕組んだ、悪い奴だという恨みつらみしかない。

ただ、注目すべき点はある。日本との戦争をいつ終わらせるかについての関係者の発言だ。中でフランク・ノックス海軍長官が《日本という国を地図の上から三カ月で消してみせる》と書いている。

狂人、ルーズヴェルト

つまりアメリカは、１９４１年12月８日に真珠湾攻撃をやらせた後、３カ月で日本を潰すつもりでいた。もともと目の上のたんこぶだった太平洋の向こう側の国、今で言えば習近平の中国みたいな立場にいた日本だけれど、その実力をものすごく軽く見ていた。

日本人はしょせん黄色人種。家畜に毛が生えたくらいの認識で、真珠湾を攻撃させてあげても果たして被害が出るか。「日本人は近視で、おまけに負ぶって育てられるから首はガタガタ。三半規管も異常で急降下爆撃ができない」（軍事評論家フレッチャー・プラット）と信じていた。それに真珠湾は水深12〜14メートル程度。仮に雷撃できたとしても魚雷は水深60メートルほど潜ってから浮上してくる。この浅海では海底に突きささるだけで雷撃も不能とくる。被害は限りなくゼロとルーズヴェルトは信じていた。

対して米国側は英国にプリンス・オブ・ウェールズ、レパルスの2隻の戦艦を回航させ、米国はフィリピンに欧州戦線でも落とされたことのない強力なB－17「空飛ぶ要塞」を40機近く配備していた。貧弱な戦闘機しかない日本の空をB－17は好きに飛び回って爆撃すれば日本は3カ月で白旗を掲げると思っていた。それが彼らの考えていた対日戦争だった。

世界恐慌対策としてルーズヴェルトが始めたニューディール政策は完全に失敗し

て、失業率は大暴落直後よりもひどい状態にあった。だから日本を鎧袖《がいしゅう》一触で倒してすぐ欧州戦線に参加してドイツをやっつければ、きっと財政建て直しを上回る好景気が返ってくるはずと読んでいた。戦争は好景気を呼ぶ、というわけだ。

事実、アメリカは第二次大戦後から実に25年間にわたって右肩上がりの好景気が続いた。目論見はよかったが、一つだけ読み違えがあった。3カ月で潰すはずだった日本を実際に潰すのに3年半も掛かってしまった。その間にアジアにあった白人国家の大事な財源の植民地はすべて日本に取られた。日本軍の前で白人が裸足で逃げ回り、手を上げて命乞いをするさまをアジアの民は目撃した。そして日本はアジアの民に自分たちの統一言語と教育を与え、自分たちの軍隊まで与えた。3年半の時の流れはアジアの国々に、自立の道と自立の覚悟を植え付けるのに十分な長さだった。

先の戦争はハル・ノートで始まった。ハルは1944年11月、ルーズヴェルトが死ぬ5カ月ほど前に国務長官を辞任し、エドワード・ステティニアスに交代した。

イギリスの歴史学者クリストファー・ソーンの『米英にとっての太平洋戦争（上・下）』（市川洋一訳　草思社　1995年）によれば、辞任の1カ月前、日本がオランダ領東インドの独立を約束したことについてハルはルーズヴェルトにこう忠言しています。《日本の動きは、彼らの撤退にともない政治的な「焦土」作戦を取ろうとしていることを示しており、非常に重要である。それは連合国を守勢に立たせるためであり、また西欧帝国主義諸国に妨害されて敗れ去った解放の戦士に自らを擬することによって、アジアにおける日本の影響力の復活の基礎を据えるためである……したがって東南アジア地域に対するアメリカの政策を早急に確立する必要があり、またこの地域の将来について連合国が劇的な共同声明を発表することが……大切である》(同書)。

つまり、「このまま日本を、自分たちを犠牲にしてアジアを解放したヒーロー、救世主として残してはいけない」という意味です。

日本は敗れた。しかし、その代償にアジアを解放した。日本を、そういう美談の主にはしない、というのが戦後の米国の占領政策の柱だった。

## ●20世紀100大ニュースのトップは「白人の勝利」

**阿比留瑠比(以下、阿比留)** 米国による統治、占領政策というのは戦争の継続です。日本人は占領時代、戦争が終わって日本が立ち直るまでの間はアメリカに占領されてもしょうがないよね、と思っていた。

しかし実はその間もアメリカは、歴史を書き換え、日本人に誤った歴史を教えて日本の弱体化を図るという計画に沿って、一貫して戦争を継続していたということです。歴史学者の山本武利氏は、著書でこう厳しく指摘しています。

「アメリカ側は日本占領を戦争の延長と認識していたことを日本人は気付かなかった。日本人には平和な時代を迎えたと誘導しながら、実は冷戦下での日本の隷属化を画策していた」(『GHQの検閲・諜報・宣伝工作』(岩波現代全書))

**髙山**　ワシントンD.C.に「ニュージアム(NEWSEUM)」がある。ニュースとミュージアムをくっつけた、ニュース博物館のことで、アメリカの大手新聞社USAトゥデイ(USA Today)の創業者アル・ニューハースが作った非営利財団法人の発案です。東日本大震災の時、宮城県の地域新聞社・石巻日日新聞が震災で輪転機が使えなくなって、手描きの壁新聞を発行し続けたことがありましたね。

その手描きの新聞が「ニュージアム」に展示されたということでニュースになるくらい、アメリカが自慢にしている新聞博物館です。

その「ニュージアム」が1997年、「20世紀に起こった100大ニュース」というタイトルを掲げて、フーヴァー研究所といった専門機関、ニューヨークタイムズの記者をはじめとする全米のジャーナリスト、シンクタンク研究者、大学の政治、近代史関係教授などの専門家を対象にアンケートをとった。

こちらも当時、米国特派員だったから、20世紀のトップニュースは何になるか想定した。「人類の月面着陸」か「抗生物質の発見」か、「ソ連崩壊」か、もしかしたら「日露戦争」かとか予想したのだけれど、まったく外れた。なんと米国が「原爆を広島と長崎に落として日本を降伏させた」が第1位だった。白人の敵を白人の優れた頭脳が倒した。要するに人種戦争の勝利宣言とも読める記述だった。

2位は当然、「月面着陸」が来た。米国人ニール・アームストロングが月に第一歩を記したのは確かに偉業だ。驚いたのは3位に、「パール・ハーバー」、真珠湾攻撃が入ってきた。「ソ連の解体」だとか「ホロコースト」を押しのけてのランクインだった。20世紀を決めた日露戦争は100位にも入っていなかった。

真珠湾は、黄色人種が初めて白人国家に戦いを挑んだイベントとして記憶されているのか。「日本人は卑怯なやり方で襲った」というふうに固定したいのか、白人世界に有色人種が攻撃を仕掛けて負かされたと言いたいのか。これはもう歴史上、ありえないことにしたかったのだろうか。

それにしても「20世紀に起こった100大ニュース」のいちばん上に、月面着陸やライト兄弟の飛行機の発明（4位）よりもっと重要で大きなイベントとして原爆があるわけだ。

第三世界の、白人以外の人種がこの世界を乗っ取った。それを白人の智慧で、原爆という「太陽から引き出された力」をもって破った。太陽から引き出された力（The force from which the sun draws its power）というのは、ハリー・S・トルーマン米大統領が事前に用意していた原爆投下声明文の最終稿に書かれていた言葉です。日本に勝ったということより、第三世界の日本を白人がやっつけたという意識が非常に強いんだね。

第二次大戦の連合国つまり勝利国には、「VJ Day」というものがある。対日戦勝記念日です。それをなんと、いまや中国がやり始めている。本当に下卑た国だ。

対日戦勝記念日は通常は9月2日。東京湾上、アメリカ戦艦ミズーリの甲板上で降伏文書にサインした日です。これを中国は9月3日にやる。9月2日にすると、日付変更線の関係で世界に先駆けて中国人が「VJ Day」を叫ぶことになってしまう。な

対日戦勝国という嘘から成り立つ中華人民共和国

んだお前はたかが米国の傭兵のくせして、何を偉そうに言うのかと反発されると思ったか。白人の手柄を中国が取ったとも思われたくない。そこで、胡錦濤《こきんとう》（国家主席任期２００３〜２０１３年）は９月３日にし、今の習近平もそれに倣っている。

９月２日に欧米が対日勝利を祝い、それに時間を合わせて中国は９月３日にやる。白人様にかしずく姿が実に姑息に見える。おまけに、今の中共政権は参戦していないし、連合国でも何でもない。

**阿比留**　特に今の中国共産党は日本軍と正面から戦ったわけではなく、ほとんどゲリラでした。後方戦域でゲリラをやっているだけで、全然まともな戦闘などしていませんからね。そんな中国が対日戦勝国だと主張するのはちゃんちゃらおかしいのです。台湾の国防部報道官は中国に対し、こう反論しています。

「抗日戦争の主役は国民党が主導した『中華民国』の国軍だったという歴史に向き合うべきだ」

ちなみに、国連憲章23条に安全保障理事会常任理事国として記されているのは、いまだに中華民国です。中国は手続き上、その権利を継承したとはいえ、現在の主張には相当無理があります。

**高山**　そういうお膳立てができている上で、中国は日本をやっつけたということになっている。その後、まさに阿比留くんが言ったように「戦後処理」という恰好で、いわゆる「ウォー・ギルト・インフォメーション・プログラム（War Guilt Information Program）」というものが始まる。日本の良さというものをすべて奪う政策だ。

## ●解放のヒーローから侵略者へ

**阿比留**　ＧＨＱ（General Headquarters　連合国軍最高司令官総司令部）はまず、ラジオで１９４５年12月９日から10日間、『眞相はかうだ』という番組を放送させました。同時に新聞各紙には『太平洋戰爭史』という連載をやらせた。まるで日本が自ら反省したかのようなポーズを示しつつ、すべてＧＨＱが下げ渡したものを連載させたのです。『太平洋戰爭史』の連載は10回にわたり、満州事変から終戦に至るまでの「日本の悪行」

を強調する内容で、「真実なき軍国日本の崩壊、奪う『侵略』の基地、国民の対米憎悪をあおる」（12月8日付朝日新聞）、「隠蔽されし真実、今こそ明らかに暴露　恥ずべし、南京の大悪虐暴行沙汰」（読売新聞）といった見出しが躍りました。

この間の事情を研究している作家で政党職員の福冨健一氏は、かつて私の取材に「昭和20年12月8日は東京裁判史観が始まった日だ。『太平洋戰爭史』は進歩主義や左翼思想と結びついて次第に日本に定着し、堂々と教科書に記述されるまでになった」と語りました。

『眞相はかうだ』は、少年の素朴な問いに、反軍国主義思想の文筆家が答える形式のドラマでした。「日本を破滅と敗北に導いた軍国主義者のリーダーの犯罪と責任を日本の聴取者の心に刻ませる」（民間情報教育局ラジオ課）目的で、内容は次のように一方的なものだったのです。

「原子爆弾の投下は、戦いをなお続けようとするなら、日本は迅速かつ徹底的な破壊を被るという連合国側の予告を、日本の指導者が無視し、何ら回答しなかったため」「戦時中の軍指導者たちが戦争犯罪人の指名を受けるのは当然」……。

また、『太平洋戰爭史』は翌年4月に単行本として出版されベストセラーとなりました。出版前に、文部省が「各学校は各々これを購入の上、教材として適宜利用せらるべきものとす」という通達を出すという念の入れようです。

**高山**　ハルの忠告に従ってアジアを解放したヒーローではなくて、「アジアを侵略した日本」という恰好に持っていったわけだね。

**阿比留**　これは私見ですが、20世紀の最大のニュースは何かというと、やはり普通に考えれば「日露戦争に始まる有色人種の解放」です。それまでの時代のあり方をガラリと変える大きな転換点だと思います。結局それは、「太平洋戦争」とアメリカが名付けた「大東亜戦争」に帰結する、あるいはこの戦争で実現されます。

有色人種の解放の礎、日露戦争

**高山**　日露戦争に始まったというのは間違いないと思うね。

**阿比留**　日露戦争での日本の勝利は、アジア・アフリカ各国の心ある若者やリーダーたちの心を奮いたたせた。やはり「有色人種でもできるんだ」という思いだったわけです。

**高山**　後にインドの初代首相になるジャワハルラール・ネールは16歳のときに日露戦争の勝利の報をドーバー海峡

インド初代首相、ネール

の船の上で聞いて大喜びした。そういうふうに、日本が勝ったという知らせがアジア中にどぉっと広まる。詐欺師の孫文までが喜んでいる。孫文は、「日本人にできることが我々支那人にできないはずはない」などと言った。結局、彼らには何もできなかったんだけどね（笑）。

**阿比留**　１９７５年から76年までタイの首相を務めたククリット・プラモートという人がいます。この人が、新聞記者だった時代の１９５５年、「十二月八日」というタイトルの記事の中で、「日本というお母さんがお腹を痛めて我々を産んでくれた」という趣旨の話をしています。

**高山**　今でもそういう話を語ることができるのは、やはり東南アジア、インドネシアだとかマレーシアだとかという国だね。

## ●WGIPの拡大アジア版

**阿比留**　インドネシアについては、特に日本がオランダからインドネシアを解放していく時点でいろいろな民兵組織も作りました。戦後は２０００人近い日本兵が残り、インドネシア独立戦争のために戦いました。私も実際に、インドネシアに残った日本兵、石井サトゥリア（石井淑普《よしなみ》）さんに取材したことがあります。

インドネシアの第16軍には宮元静雄さんという参謀がおられ、生前懇意にしていただきました。「インドネシアで、我々は何ひとつ悪いことはしていないと胸を張って言える」とおっしゃっていた。進駐してきたイギリス軍に、日本軍の兵器をインドネシア人に渡してはいけないと言われていたのを、捨てたかたちにしてインドネシア側に渡し、独立戦争で使わせたんですね。

**髙山**　日本で「インドネシアラヤ」というインドネシア料理を出している店があった。

**阿比留**　新橋ですね。ほぼ50年間続いた店で２００８年に閉店した。

**髙山**　そう。よく知ってるね。主の中島慎三郎さんは、第五師団の給水部か何かにいて支那大陸で戦い、北部仏印進駐のときも最前線にいた。

フランスにとっては虎の子の仏印に日本軍が入るのをフランス植民地軍が嫌がって抵抗してきた。それをやっつけて今のドンダンに入っていく。それはベトナム人には信じられない図だった。

無敵の白人将兵を同じ肌の色をした日本軍がこともなげにやっつけ、白人が手をあげる。それに感激したベトナム人独立派の陳中立（チャンチュンラップ）が中島さんに「俺たちも戦うから武器をくれ」と言ってきた。それで仲間と仏軍から取り上げた武器をこっそり手渡し、陳は2千人の仲間を誘ってハノイの仏軍兵舎を襲う。結果は返り討ちに遭って首謀者11人はギロチンで処刑されてしまう。そんなこんなで中島さんはアジアの各地、特に展開先のインドネシアで現地の志士たちと友達になっている。敗戦時には今、話にあったようにインドネシアの軍隊ペタに武器を引き渡している。

そんな縁で中島慎三郎さんはスカルノやスハルトなどむこうのトップはみんな顔見知りで、日本政府のトップの通訳としてインドネシア要人を引き合わせもしている。私も大統領のグス・ドゥール・ワヒドに引き合わせてもらった。

ただ彼らもそれなりに思惑もあったし、事情もあった。実は連合国側は日本にやったような戦後処理をアジア諸国でもやっている。日本にウォー・ギルト・インフォメーションを吹き込む一方、独立したアジア諸国には「日本が侵略国家だということをわきまえろ」、「お前らは被害者なんだ」ということを吹き込んだ。

それはたとえば、スカルノの提案で建設されたジャカルタの独立記念塔に表れている。終戦時、日本の南方方面軍の司令官である寺内寿一《ひさいち》元帥はベトナムのダラトで静養していて、そこへスカルノとモハマッド・ハッタが飛んで行き、寺内はインドネシアの独立を承認した。スカルノはジャカルタに戻り、終戦の2日後の8月17日、つまり、皇紀2605年の8月17日に独立を宣言した。

しかし現在、スカルノが建てた独立記念塔に、独立記念日は「1945年」と西暦で刻まれている。なぜかといえば、「05年」とやると日本が蘭領東インドの解放主になってしまう。「お前らは犠牲者なのだ」、「日本は侵略国家でなくてはならないのだ」という連合国側の主張をスカルノたちは飲んだわけだ。

独立記念塔の地下1階にはジオラマでインドネシアの歴史が展示されている。17世紀初頭にオランダが来てからインドネシアの人たちが苦労を重ね、どうやって独立を勝ち取ったかという歴史です。とはいえ、オランダはインドネシアに文明をもたらした国でもある。「空から神の兵が降りてきて圧政者を倒す」という現地で有名なジョヨボヨ伝説そのままに、1942年、日本がやってくるが、しかし日本軍はジオラマでは「インドネシアの民と資源を搾取した」と説明している。1945年以降の独立戦争は、英国とオランダ、つまり帰って来たオランダ軍との戦争になるわけだが、インドネシアは持ちこたえた。4年も持ちこたえて最終的にアメリカがこれ以上、植民地を取り返す戦いは国際情勢も許さないとオランダを諦めさせた。

しかしその辺もジオラマでは、マランの日本軍の基地と同じくバンドンの憲兵部隊をインドネシアの軍隊、つまり日本が育てた彼らの軍隊が攻めて、日本軍を追い出すことによって独立した、というふうに作り変えてあるのです。

インドネシア初代大統領
スカルノ

**阿比留**　私も慰安婦問題の取材で中島さんと一緒にインドネシアに行ったことがありますが、独立した後で教育を行うときに、結局は旧宗主国の教科書を使ってしまったりするんですね。するとやはり「日本が悪だ」ということに再びなる。1971年に昭和天皇がオランダを訪問されました。その際、卵をぶつけようとした市民もいました。

**髙山**　液体入りの魔法瓶を御用車にぶつけているね。

**阿比留**　そんなことをするのは、オランダが日本を恨んでいたからでしょう。なぜ恨んでいたのか。日本にしてやられて大事な植民地を失った、ということでしかないんですよね。

**髙山**　白人が黄色い日本人に捕虜にされ、使役されたという人種的な恨みもあるが、最も大きいのが国家財政の損失じゃなかったか。植民地はとにかく国家財政の基盤だった。インドネシアの民を絞って、それでオランダは栄え、富んでいった。パレンバンなどからの石油は最も大きな富だった。それがインドネシア独立という形でいっぺんに消滅した。石油は今度は自分たちの財布で買わねばならなくなった。日本軍にすべての富を奪われて貧乏になったという意識がすごく強い。

だからオランダ王室は戦後、連合国のほとんどが賠償請求を放棄した中で、ユリアナ女王、ベアトリクス女王、そして今の王様に至るまで何回も日本に戦時賠償を要求してきた。そのくせ、昭和天皇のご大喪では世界中の王室が弔問に訪れたのにオランダ王室だけは欠席している。

**阿比留**　だからオランダは、インドネシアを植民地にしていた時代は大国だったけれども、戦後はもうただの小国になってしまったわけです。それは日本のせいだということにもなる。

## ●インドネシア、アンペラ橋の意味

**髙山**　インドネシアでは日本が悪いという洗脳を白人国家から強いられた。スカルノはそれを奇貨として日本から莫大な賠償金を取っていったけれど、今も日本＝侵略者説が教育されている。

たとえばパレンバンのケース。ここの油田を取るため1942年に日本軍は落下傘部隊が降下している。高木東六作曲の「見よ落下傘、空に降り」という歌詞が印象的なあの「空の神兵」のモデルになった。この降下作戦とそれに呼応して、当地を流れるムシ川を遡行する陸上部隊のおかげでパレンバンの石油基地は確保できた。

このムシ川に、日本は戦後、賠償の一環として東京の勝鬨《かちどき》橋より数倍立派な、艦船が通るときには真ん中が上がる開閉式の橋を作った。たいしたものだよ。

この橋をインドネシア人はアンペラ橋(Ampera Bridge)と呼んでいる。「アンペラってどういう意味だ?」と聞くと、インドネシア人はなかなか言わない。やっと聞き出したら「虐げられし者への償い」という意味の言葉の頭文字を並べたものと分かった。

つまり、アンペラ橋は、日本がインドネシア人を散々虐げ、搾取し、石油も取り、すべてを奪って持っていった、その償いにこの橋を架けたという、そういう意味の名前なんだね。

建設自体は１９６５年で、完成してから40～50年たった２００１年、アンペラ橋の橋脚が腐ったので直してくれという話が向こうから来た。

調べたら憎むべき日本が作った橋だというので橋脚にみんながおしっこをかけていた。そのために鉄が腐ってしまったのが原因だった。その時はしょうがないから直したけれど、その後、また腐食したと言ってきた。２度目はさすがに日本も頭にきて、「お前ら、歴史が分かっていない」といって放置していると聞いている。

**阿比留**　１９７４年に田中角栄がインドネシアに行ったときにはジャカルタでデモ隊に取り囲まれました。現在はそんなことはないし、インドネシア人はおおむね親日的なんですけれどもね。

## ●ビルマ民主化運動の裏側

**髙山**　ビルマも似たようなところがある。あの国は日本軍によってビルマ人が自分の

日本軍と共闘したビルマ建国の父アウンサン

国を取り返してもらったという歴史がある。このとき日本軍の特務機関に軍事訓練を受けた、アウンサンと30人の志士がいた。１９４７年にアウンサンが殺された後は志士のひとり、ネ・ウィンがビルマを仕切った。

ネ・ウィンがやったことはものすごくはっきりしている。ビルマは、敬虔な仏教徒ビルマ人の国だった。

英国がその国に戦争を吹っ掛け、植民地にしてしまう。それが阿漕な支配で、国王一家をインドに島流しにし、王家に繋がる者や国の要人はすべて殺してしまう。そのうえで華僑とインドのイスラム教徒を何万と送り込み、周辺の山岳民族モン、カチン、カレンなどを山から降ろしてキリスト教徒にして軍や警察を任せた。華僑は商売を握り、インド人は金融業を仕切った。気が付いたときは仏教徒ビルマ人の国がイスラム、キリスト教の教会が立ち並ぶ他民族他宗教国家になっていた。

ネ・ウィンは、戦後、英国が送り込んだそうしたよそ者を追い出すために思い切った政策をとった。それが経済鎖国。私たちは貧乏になります。いやなら出て行ってくださいという政策だった。インド人の高利貸しには何回ものデノミネーションをやった。新札を出し、旧札は使えないようにした。インド人が100万円を新札にしようとすると上限50万円にし、ともに貧しく生きましょうというのをやる。華僑も鎖国では商売ができなくなる。それでかなりの華僑とインド人を追い出すことができた。

その一方でビルマ政府は国連で英国に対し植民地時代に奪っていった玉座や金品の返還を求めた。

アジアの植民地で初めて白人国家を相手取って植民地賠償を要求したわけだ。英国は渋々ながら国王の玉座を返した。ただ、象嵌で入っていたルビーなどは英国人の将兵がえぐって取り、行方が分からない。それが国連で暴かれた。いかに白人がひどい支配をしたかが白日の下にさらされた。

その上で今度は、日本軍が入ってきたとき、インドに向かって逃げていく英国兵やインド兵がビルマ各地で住民虐殺をやった。彼らが逃げていった先を日本軍に密告されないようにしたためと言われる。そういう虐殺の償いを求めた。資料や証拠もいっぱいあった。

これが国連で暴かれ、英国が認めると、ほかのアメリカやフランス、オランダなど植民地宗主国も同様に植民地時代の旧悪がばらされていく。そうなったら、東南アジ

実に30年ビルマを離れていたアウンサン・スーチー

アで残虐に略奪殺戮をやったのは日本じゃない、白人国家だったということになってしまう。
マレーシアも始めるし、インドネシアも始める。東南アジアの国々はすべて、それはアフリカ諸国にも伝わっていくだろう。

それで、これ以上ビルマを放置できないとなってまず「ネ・ウィンの独裁体制批判」の声を国際社会に広げる。仕掛けはニューヨーク・タイムズとか白人側の新聞がやった。一方、ビルマ国内も長い貧乏暮らしに国民もいい加減うんざりしていた。ネ・ウィン批判の声があった。

そこを見透かすようにして英国で生活していたアウンサンの娘スーチーが1988年、突如として実に30年ぶりくらいに里帰りする。彼女は身も心も英国人になっていた。

そこにMI6（機密情報部）みたいなのが働きかけて民主主義が侵されている祖国を救ってこいとか説得する。

彼女は純真だから本気で使命感に燃えて帰ってきた。英国だけではない、植民地経営という脛に傷を持つ白人国家が総動員した企みだった。だからすぐ彼女にノーベル平和賞が与えられた。サハロフ賞も与えられ、そうした人権問題の賞がすべて彼女に与えられたのは白人国家の思惑がからんでいる。

ビルマは、白人国家の植民地政策は酷いものだった、植民地によるダメージに対してお前らは補償する義務がある、ということを言いたかった。ただそれが日本軍の評価の見直しにつながってしまう。悪いのは日本じゃなかった。それは絶対に語ってはならない禁句だったということだ。

アウンサンは表向き、元首相のウ・ソー一派に暗殺されたことになっている。しかし暗殺は英国のたくらみと言われる。少なくとも日本軍と行動し、英国の植民地にされた祖国を救った男だ。そんなのを生かして残しておけば日本軍が単に侵略国家ではないことを証言できる生き証人になる。だから抹殺した。

ウ・ソーも真珠湾の日にパンナムのチャイナクリッパーでまさにその真珠湾のフォード島対岸に着水するところだった。ハワイ島のヒロに避難するけれど、あれほど自分たちが恐れた白人たちが日本軍の攻撃におびえ、逃げ回っているのを目撃する。真珠湾では米太平洋艦隊の戦艦がことごとく沈められたことも知った。

それで東回りで帰国する途中にリスボンの日本公使館に駆け込み、「ビルマを満州国と同じ待遇にしてくれれば戦争協力する」「ビルマで産するタングステンや石油など地下資源はすべて提供する」と公使に伝えた。

公使が昭和17年1月1日付けでその旨を極秘暗号で送った電文が東京・飯倉の外務省外交史料館で今も閲覧できる。それが英国にばれて終戦まで幽閉されていた。やっぱり口を封じておかないと困る男だった。それが2人とも、ひとりは暗殺され、もうひとりはその実行を指示したことで処刑されている。話ができすぎだ。

そういう背景がある中でそのアウンサンの娘スーチーが中学生のとき、インド大使に任命された母親についてニューデリーにきた。彼女が父の死の謎を知れば、彼女もまた英国にとっては困る存在になる。彼女はそこで旧ビルマ総督の英国人に偶然会い、英国に引き取られることになった。大学を出て、英国人の夫、チベット研究者のマイケル・アリスと結婚し、2人の子供ももうけた。この間、実に30年、彼女は一度も国には帰っていない。そういう流れを見るとＭＩ６が彼女を抱え込み、ビルマの戦後の闇から完全に切り離そうとしたと見るのが正解だと思う。

そんなときにビルマの激しい反抗が起きる。彼女は洗脳され、ビルマの口を塞ぎに帰ったというのが正しい読みになる。

英国も大したもので、国連でのビルマの活動を制するために「ネ・ウィンの独裁に喘ぐビルマ人を救おう」と話題をすり替え、商売ができなくなった華僑やインド人、山岳民族とか、ネ・ウィンを恨む集団にスーチーという格好の星を与え、民主化運動を起こさせている。国内が混乱している限り、ビルマ人は国連で活動もできない。国際社会も相手をしない。結果、日本は侵略者のまま残った。実に巧みな白人国家の連係プレーと言えるのじゃないか。

もうひとつ、２０１８年、93歳で二度目の首相就任を果たしたマハティール・ビン・モハマドというマレーシアの政治家がいる。「日本なかりせば」の演説で有名な人物だ。

## ●マハティールにたしなめられた村山富市

**阿比留**　マハティールは、最初に首相に就任してすぐ、１９８１年に表明した「ルック・イースト政策」で知られています。日本に学べ、という政策でした。

**髙山**　そのルック・イースト政策は大成功した。欧米製品に頼らず自前のテレビなどの家電を生産し、自動車も作った。それを自身で語ったのがマハティールの「日本な

村山富市をたしなめたマハティール

かりせば」演説だった。

スピーチしたのは1992年、香港で開かれた欧州・東アジア経済フォーラムの席でした。次のような内容です。

欧米は欧州各国の戦後復興には力を入れた。しかしアジア諸国はそのまま放置された。そんな地域に日本はほとんど奇跡と言っていい援助と指導を与えた。我々はそれで工業化を果たせた。もし日本がいなかったなら、我々はテレビや自動車など工業製品は白人国家から言い値で買うしかなかった。しかし、日本のお陰で我々も自分たちで車を作り、自分たちでテレビも作ることができた。もしも日本がいなかったら、我々は白人国家のために原料を供給するだけの低いレベルの国のまま終わっていただろう。

この講演を聞いていた欧米代表は次々席を蹴って出ていったそうだ。それを朝日新聞の船橋洋一がずっと後になって書いている。書くトーンは「マハティールは白人を怒らせていったいどうするつもりなのか」という批判的なものだった。骨の髄まで白人崇拝なんだ、朝日新聞の連中は。

実際、ビル・クリントンは早速、マハティールいじめを始めた。90年代末のアジア通貨危機、ジョージ・ソロスらのヘッジファンドにマレーシアもインドネシア、韓国も軒並み国家財政破綻に近い被害を受けた。勝手に日本を持ち上げるな。俺たちが支配者だと言い聞かせるような展開だった。マハティールは何とかその国難を自力で乗り切ってから引退した。大した政治家だよ。

しかし今度は中国が国難を仕掛けてきて2018年、93歳で再び首相に戻った。国民もこの宰相に本当に期待していることが分かる。

そのマハティールが「日本なかりせば」演説をして間もなくの1994年に当時首相だった村山富市がアジアを歴訪してマハティールに会い、「戦争中に被害を及ぼしてごめんなさい」とか言った。馬鹿だねえ。マハティールもそう思って「日本が謝る必要などない」と、たしなめた。それでも村山は分からない。

翌年の1995年には「わが国は、遠くない過去の一時期、国策を誤り、戦争への道を歩んで国民を存亡の危機に陥れ、植民地支配と侵略によって、多くの国々、とりわけアジア諸国の人々に対して多大の損害と苦痛を与えました」という村山談話を出した。日本の無能な左翼の象徴だった。

ＧＨＱが戦後日本に叩き込んだ自虐精神そのまま、進歩なしだ。

**阿比留**　ＧＨＱは宣伝工作をするだけでなく、同時に、戦前の日本を評価したり、欧米の残虐行為を書いたりすることを検閲で全面的に禁じました。

だから、そういった知識をもともと持っている人はともかく、特に戦後に生まれた新しい人は知識を身につけようがなく、日本ばかりが悪いことをしたと、ずっと思っていたわけです。

憲法９条の信者などは、その典型でしょう。

憲法９条があり、日本さえ悪いことをしなければ世界中は平和だと、はなはだしく勘違いしている。日本を中心に世界は回っていると考えるのと同じです。どれだけ自己中心主義者なのか（笑）。

そして、アメリカをはじめとして欧米が、「自分たちはそんなに悪くなかったけれども日本は悪かった史観」を広めるのに大きく役立っているのが、朝日新聞をはじめとする一般メディアであり、日教組をはじめとする教育界です。

## ●いちばんの改憲派だった日本共産党

**髙山**　GHQは、使えるものはみんな使った。

**阿比留**　朝日新聞や日教組は、普段は「米国の言いなりになるな」と言う。しかし、実は彼らがいちばん米国の言いなりだという話です。米国が作った「戦後レジーム」墨守が彼らの主張ですから。

**髙山**　まさに米国のシナリオ通り。戦後、マッカーサーが押しつけた憲法が示されたとき、日本共産党は最初は反対していたはずだ。

**阿比留**　24年間も共産党議長を務めた野坂参三という有名な人が「9条は一個の空文に過ぎない」「わが国の自衛権を放棄して民族の独立を危うくする危険がある」と言って反対したのは憲法制定議会、1946年8月の衆議院本会議においてです。こんなものは日本の生存を危うくするだけだという点を強調した。

**髙山**　まっとうな意見だね。

**阿比留**　それがいつの間にか「憲法を守れ」と言って、初めから護憲派だったような顔をしている。日本共産党がいちばんの改憲派だったにもかかわらずです。日頃は反米的スタンスをとっているくせに、米国製憲法の守護者ぶっていますね。

**高山**　元法相で2016年に103歳で亡くなられた奥野誠亮という政治家が、憲法調査会か何かで当時の憲法問題審議について触れている。全ての発言、憲法改正のどこを改正しようとか、賛成なのか反対なのか、

晩年スパイの疑いで共産党を除名された野坂参三

全てGHQに通告され、余計なことを言うと処分されたりしたと言っている。

**阿比留**　たとえGHQが草案を作ったにしても、日本の議会を経て制定されているものだから日本製だと言う人がいます。しかし、当時は占領下であり、日本の議会自体がGHQのコントロール下にあったわけで、そんな意見はものすごい屁理屈に過ぎない。通じませんよ。

**高山**　その通り。奥野誠亮の言葉は非常に重要です。朝日新聞に、こんな投書が載っていた。投稿者は、私より年下。憲法制定当時、私は5～6歳で、投稿者は私より2つくらい若いくせに、「あの時代は新憲法を巡って議会でも国民の間でも、みんなが一生懸命ああだこうだと話しあった。憲法はその結果、生まれたものだ」という投書

だ。この年寄りはどう書けば朝日新聞が喜ぶか知っている。それで創った嘘だ。

誰も知らない間にマッカーサーがみっともない憲法案を押し付けた。それを審議する方の国会はどうか。直前の選挙で当選した議員に加藤シヅエがいた。本人が自伝で言っているように「ＧＨＱの偉い将軍がいらしてこんこんと立候補を懇請され」、気が付いたら当選していた。同じ選挙で中国から帰った共産党の野坂参三も当選。次の参院選では部落解放同盟の松本治一郎が当選した。彼は米軍将兵のための特殊慰安施設協会（ＲＡＡ）を任されていた。ＧＨＱとずぶずぶの関係だ。ＧＨＱにおべんちゃらばっかり言っていた東大総長、南原繁も同じＧＨＱ推薦組。というような具合で候補者選びも当落もＧＨＱが勝手に決めていた。そんな連中がマッカーサー憲法を審議していた。まともなのは奥野誠亮くらいのものだ。

憲法を押し付けた
マッカーサー

マッカーサー憲法は良い憲法だから押し付けでいいじゃないかと朝日新聞お抱えの憲法学者、長谷部恭男は言うけれど、国会審議の公正さについては何も言わない。小林節も同じだ。

ＧＨＱが幣原《しではら》喜重郎ににらみを利かし、国会もいじくりまわしていた。それが日本国憲法の実態なんだ。
マッカーサーが日本を滅ぼすために入れた憲法9条はアンタッチャブルで可決した。

**阿比留**　朝日新聞なんかはよく、国民が憲法を歓迎したことを忘れてはいけない、ということを言います。確かに歓迎した向きもないではなかったでしょうが……。

**髙山**　知らなかっただけじゃない？

**阿比留**　昭和32年の内閣総理大臣官房審議室による「憲法に関する世論調査」（対象2万人、有効回収率83・2％）を見ると、「あなたは今の憲法の条文を少しでも読んだことがありますか」との質問に対し、結果は次の通りです。

・「条文を読んだことがある」32％
・「読んだことはないが、内容について見たり聞いたりしたことがある」33％
・「全く読んだことも見たこともない」35％

憲法条文を読んだことがない人が7割近くに上っているのです。それが本当のところでしょう。

## ●軍事のリアリティ

**髙山**　日本国憲法が施行されたのが昭和22年の1947年。その翌年に私は小学生になって、3年のときにマッカーサーがクビになった。私は、アメタイ（米国大使館）まで、見送りに行かされた。保安隊ができるとかいう話は、その時分には聞いていたね。

当時、『おもしろブック』（集英社）だとか『少年』（光文社）だとかという月刊誌があった。分厚くて、薄手の漫画本が何冊も付録で付いていた。表紙を開けると小松崎茂だとか樺島勝一といった細密描写の画家の「戦艦大和」のイラストがあり、「飛燕」だとか「零戦」だとかが乱舞している。もう、それを見るのが楽しみでね。

**阿比留**　まだリアリティがあったんですね。私は髙山さんより若輩ですけれども、少年時代まではプラモデルといえば戦艦か戦車だった。だけれども今、玩具屋さんに行っても、プラモデルはまずないし、あってもロボットものです。戦艦や戦車のプラモデルは専門店に行かないと手に入りません。

**髙山**　脳みそから戦争というものを完全にぬぐい去ろうとしているんだな。

**阿比留**　漫画でも『紫電改のタカ』（ちばてつや）をはじめ、いろいろな名作がありました。松本零士さんの『戦場まんがシリーズ』（1970年代、『週刊少年サンデー』に不定期連載）などは、私が中学生のとき、貪るように読んでいました。今、そんなものはありません。ヒーローものとか、かたちを変えたのはあるけれども、リアルな戦争ものはない。誰かが、つまりは日教組をはじめとする人たちが、そういったものを世の中から消そうとしてきたんでしょう。それが奏功している。

だから大学にも軍事学科などはありません。防衛大学を除けば、他にはどこにもないと思います。軍事について、安全保障について考えさせない、GHQが作った言論空間が未だに続いている。しかも第一世代が終わっても、時代が経たことをいいことにその言論空間が拡大再生産され続けている部分もあるということです。

**髙山**　塩野七生の『ローマ人の物語』（新潮社）にローマのスキピオがカルタゴに勝った第二次ポエニ戦争（紀元前219～201年）の話がある。このときにスキピオは、10項目の敗戦条約をカルタゴに押しつけた。

カルタヘナなど地中海沿岸の植民都市を放棄するに始まって軍船、軍象の放棄、そして交戦権も放棄させられ、他国に攻められてもローマにお伺いし、OKが出なければ戦争もできない。それから、ローマ軍の進駐中の経費をもて、賠償金を払え。さらに、交易国家をやめて農業国家になれ。カルタゴの子弟を人質としてローマに預けること。そんな内容がずっと並ぶ。

その後、カルタゴは隣国に攻められ、たまらず武器を取って戦う。ローマはすかさず敗戦条約に違反したとカルタゴを攻める。それが第三次ポエニ戦争で、カルタゴは敗北し、その住民は奴隷に売られ、首都は焼かれたあと塩をまいて草木一本生えないようにした。「カルタゴの平和」と呼ばれる最期だけれど、よく見ると日本の戦後処理とほとんど同じだ。まず植民地放棄、軍隊放棄、交戦権放棄、工業国家放棄で財閥が潰され、航空機産業は廃止、その他の重工業も解体されていった。相手国の工業力を分解するデモンタージュと呼ばれる作業が粛々と実行された。日本は鍋釜が作れるだけの農業国に落とされる予定で、ＮＨＫなど早々に「農業の時間」なんて番組を流し始めた。

そんなところに朝鮮戦争が起きる。米軍の兵站地としてにわかに日本の工業力が必要になった。朝鮮という国は１０００年の昔から禍しか持ってこなかったけれど、初めて日本の役に立つことをやってくれた。

「カルタゴ帝国の衰退」ターナー画

## ●文化を奪うことによる民族の消滅

**阿比留**　民族を滅ぼすなら歴史を奪え、とはよく言われていることですよね。たとえばオーストラリアは、先住民族アボリジニの子弟を親元から引き離し、寄宿舎で無理矢理、欧米風教育をやっていた時期がありました。さすがにそれは人権問題にかかわるということで、今はなくなりましたが。そうするとアボリジニの文化は失われ、アボリジニ民族自体が解体する。もちろんオーストラリアは一時期それを狙っていたんでしょうけれども、西洋というのは、そういうやり方で一貫しているんですね。

**髙山**　カルタゴの敗戦条約のうちのいくつかは、やはり日本国憲法に、交戦権や軍隊の規定として反映されているよね。ローマに子弟を連れて行ってローマ化するというところは、まさにそのアボリジニのケースと同じ主張だ。そしてそれは、実は日本の敗戦処理のなかにも、1946年に米上院議員J・ウィリアム・フルブライトの発案で設立された留学生プログラムとして実現している。

時代はかなり飛びますが、2013年の国会質疑で、当時民主党の小西洋之議員が安倍晋三首相をつかまえて「芦部信喜さんという憲法学者、ご存じですか」とやって話題になったことがありましたね。芦部信喜というのは憲法学者で、長谷部恭男は教え子になる。芦部信喜は、アメリカにかぶれ、アメリカ憲法が世界一と思い込んだ男だ。長谷部もそこを受け継いで、日本国憲法には米国の憲法の精神が入っている、独立宣言の思想が入っている、とてもいい憲法だと言う。黒人奴隷を使い、インディアンを殺しまくり、偽善の塊みたいな独立宣言を作ったアメリカの、その精神が入っているから日本国憲法はよい、と言うわけだ。それをまた、小西みたい奴が得々として東大出の俺たちにとっては芦部も長谷部も神様だ、それなくして憲法を語るのか、成蹊大学出身のあんたが、という失礼きわまりない質問だった。

**阿比留**　あのとき小西議員は何人か憲法学者の名前を列挙したけれども、ひとり、下の名前を言い間違えていました。

**髙山**　そうなんだ（笑）。だいたい新聞記者はフルブライト・プログラムに応募すると通るんです。それで必ず、ワシントンに留学する。そうでなくても、政治部長などになると、必ずワシントンに行くようなシステムができているのが一般的だね。たとえば元東京新聞の長谷川幸洋さんもワシントンに行っている。

**阿比留**　留学されてましたね。

**髙山**　長谷川さんは経済だけれども、だいたいみんな行っている。フルブライト・プログラムでなくても新聞社の幹部、編集局幹部は必ずワシントン詣でみたいなものをやり、アメリカ人とはもう他人ではない、みたいに仕込まれる。

私は辺境のロサンゼルスにいたから、アメリカ人はみな威張りくさっていた。まともなのはユダヤ系くらいだった。あるとき家族とメキシコのバハカリフォルニアに遊びに行って1週間くらいでロスに戻ってきた。空港の入管で再入国手続きをしようとしたら、係官が「自宅はサンタモニカにあるんだろ。行ったら戻ってくるのだからメキシコの係官にそれを言って出入国手続きは面倒だからやるなと言え。こっちの手間が省ける」という。出入国しても相手がメキシコなら属国みたいなものだ。文句は言わせない、みたいな雰囲気だった。それほどアメリカ人は自分たちのことを偉いと思っている。ちょっと呆れた。

ワシントンに行った人の話を聞くと、そんなアメリカ人があっちではみんな親切だという。役所なんかも、日本の記者が行くと、どんどん資料を出してくれる。だから芦部にしろ何にしろ、みなその笑顔と親切に騙されて親米になっていく。素敵な民主主義の国だとか、みんな内村鑑三になっちまう。ちなみに、真珠湾攻撃司令官の山本五十六は留学経験があってアメリカ好きだった。

**阿比留**　一方、チャイナに行くとみんなチャイナ好きになって帰ってくるという話がありますが、さすがに、それはないと思いますよ。日本人記者がチャイナに行くと、必ず後をつきまとわれ監視されますからね。公安が絶対について来ます。そのあたりの実態は、元産経新聞記者で私の同期だった野口東秀くんの著書『中国　真の権力エリート　軍、諜報、治安機関』（新潮社　２０１２年）に詳しいです。

**髙山**　産経新聞なんかは特に虐められる（笑）。北京総局長ですら記者会見に出られなかった。もはや正気を失った大国だね。

**阿比留**　ハニートラップとかはあるでしょうけど、それはまた別の話です。中国好きになる人というのは、もともと中国が好きだった人だと思いますね。

## ●アメリカの洗礼

**髙山**　１９１１年に、北京に精華大学（当時、清華学堂）ができた。アメリカが中国を抱き込むためにまず設置させた米国留学予備校で、ミッション系でした。繰り返すがこういった施設を通して、それこそ蒋介石の妻の宋美齢だとか、パリ講和会議の全権をやった顧維鈞だとか、後に北京大学の学長をやった胡適だとか、アメリカ帰りの人間ばかりが活躍するようになる。すべて親米反日になって本国に戻された人間ばかり。日中が手を握れば「この二国が世界のヘゲモニーを取らないとだれが言いきれるか」はムッソリーニの言葉だけど、アメリカはそれを心配して日中分断を図った。その先兵に親米反日の米国留学生帰りが使われた。そうやって反日感情を醸したうえで蒋介石に武器をやり日本にけしかける。そういう工作を実に早くからやっていた。

それまでは留学先は日本だった。秋瑾《しゅうきん》も日本に留学して中国の近代化を志した女性革命家です。2018年3月付のニューヨークタイムズに脇差を抜いた着物姿の秋瑾の写真が出ていてびっくりした。秋瑾は清朝時代の結構な論客だけど、最後は斬首される。日本に来て日本に憧れ、やはり中国と日本は手を組まなければいけないという思想の持ち主だった。最終的には親米派に殺されてしまう。当時の中国の活動家というのはみなそうだったわけです。

**阿比留**　ただ、現在の、ワシントン特派員出世コースというのはアメリカの意図だけではないと思いますよ。日本にとってアメリカがどんな国であれ、やはり最重要な国であることは間違いない。首都でアメリカの政治を見て来なさい、というのは当然あるわけですよね。

**髙山**　そして悪い印象を持たれないように工夫するわけだね（笑）。新聞記者の場合は、確実にフルブライト・プログラムを利用した人間が特派員になっているからいいとして、さっきの芦部だとか、民間企業の奴だとか、他の役所の官僚だとかも、みんなアメリカに行く。

**阿比留**　それは確かですね。官僚とかもよく行っています。

**髙山**　どの分野でも中枢のほとんどは行っている。どの都市に行ったにせよ、アメリカに好印象をもち、アメリカを好きになって、だいたいは帰ってくるわけです。

## ●反日ジャーナリズムはなぜ生まれたか

**阿比留**　反日ジャーナリズムは、確かに過剰適応だと思います。朝日新聞などは、戦争の反省を踏まえて、と言っていますけれども、これは違います。戦争が終わってしばらくは、別にそんな反省などしていなかったわけですから。

朝日新聞は1945年の9月に、後に首相となる鳩山一郎による占領支配やGHQのあり方、原爆使用に対する批判を載せてGHQから2日間の発刊停止を喰らいます。こんなことをされたら新聞が潰れてしまうということになり、幹部も総入れ替えをした。それまではアメリカ批判の原稿も載せていたのが、いきなり「GHQ万歳」に変わりました。

これは私の筋読みですけれども、彼らの思考として最初は、ガラッと変わったことに関してやはり忸怩《じくじ》たる思いがあったと思います。しかし彼らはそれを頭の中でうまく誤魔化した。これで正しいんだ、やはり日本は悪いことをしたのだと自分で思い込まなければやっていられなくなったということでしょう。

産経新聞からも、たとえば給与待遇がいいからというので朝日へ行く人も以前は結構いました。朝日新聞に入り、そこでうまく打ち解けようとするあまりに普通の朝日の人よりよけいに左翼的になってしまう人もいました。

朝日新聞はGHQに膝を屈した自分を正当化したい、これでいいんだと思いたい、というので、もう純粋にその路線に突き進んだんじゃないかなと思いますね。ただこれは朝日新聞だけではなくて、当時の新聞は大なり小なりみんなそうだと思います。

**髙山**　その意識はかなりあったでしょう。

**阿比留**　もうひとつは、やっぱり１９６０年、70年の安保世代をはじめ、いろいろ学生運動をやっていて一般企業に入りにくい人がおり、それが法曹界とマスコミ界にたくさん入ってきた。そういうこともちろんあるでしょう。

**髙山**　先生というのは戦前から左ですね。

たとえば美濃部達吉の天皇機関説なんていうのを見ると非常にまともだと思うけれども、ああいうまともなのがいたことに驚くぐらい、土壌としては戦前は左が多かった。戦後、共産党のパージをＧＨＱが解いたりした。朝鮮動乱が始まった頃に、アメリカは再び共産党追放に転じるわけです。

当時、私は小学生だったけれども、月にひとりか２人、少なくともね、先生が入れ替わるんです。マッカーサーが解任される前の話だね。「〇〇先生は事情があってお国に帰ります」と朝礼で報告があり、「えっ、あの先生もアカだったんだぁー」なんて、ませた児童がガヤガヤ言っていたよ（笑）。

## ●公職追放とアカ狩り

**阿比留**　逆に、公職追放もありましたね。私の母方の曾祖父、浦忠倫が戦後、福岡で夕刊フクニチという新聞社を作って社長をやっていたんですけれども、かつて陸軍にいたので公職追放で辞めさせられました。軍歴があるとか、そちら側で活躍していた人は社会の枢要から飛ばされたということもありました。

**髙山**　うちの親父は普通の会社にいたんだけれども、出版社をやっていた義理の兄貴が大政翼賛会系だとかなんだとかということで公職追放になり、それでしょうがなしに会社を引き受けて出版を続けています。『高橋是清伝』だとか、早稲田や慶應の先生の本だとか、私も法律をやっていたから、結構使える本がたくさんあった。

千倉書房というんですが、プロレタリア文学の白柳秀湖《しゅうこ》の本も出していました。そんな左翼系の出版物も出していながら、それでもパージされて、公職追放で出されてしまう。ＧＨＱの判断は結構いい加減だった。

野坂参三だとか徳田球一《きゅういち》らをＧＨＱが国会議員にして日本共産党の奴らがわぁーわぁー出てきたと思ったら、ほんの４～５年で泡沫のようにマッカーサーが方針転換した。右寄りの人のパージがすべて終わった後、今度は左寄りのパージが始まった。

**阿比留**　1950年くらいから、アメリカ本国でアカ狩りが始まります。それと何らかのリンクがあったんでしょうね、左狩りの方は。

**髙山**　左は危ないということにやっと気が付いたわけだね。

GHQの外交局長でマッカーサーの代理人も務めたウィリアム・ジョセフ・シーボルドが書いた『With MacArthur in Japan』（邦題『日本占領外交の回想』野末賢三訳　朝日新聞社　1966年）にこんなことが書いてある。

日本に来たら、政界財界から役人に至るまでとにかく「アカに気をつけろ」「アカはよくない。もうどんなことがあってもアカを許さないでくれ」とばかり言っている。日本人はなぜ、みな口を揃えたように、共産主義を警戒するのか。そういう話をマッカーサーとしているわけ。その後に朝鮮動乱が始まるわけだからね。

**阿比留**　日本はロシアと戦った後、戦後のどさくさで旧ソ連ともいろいろやっているし、1939年にはノモンハン事件も起こります。日本はソ連がどういう国か分かっていたけれども、アメリカはあまりよく知らなかったということでしょう。

東京裁判の際にオランダから派遣されたレーリンク判事は1956年、旧知のドイツ文学者で『ビルマの竪琴』で知られる竹山道雄に、裁判を振り返ってこう語っています。

「連合国側には共産主義の脅威ということは念頭になかった。（中略）外部からの挑戦――それへの反応ということについて、はなはだしい見落としがあった。その後まもなく中国が赤化したのを見て、そうだったのか、それほどまでにも脅威が迫っていたのかとおどろき、この点はまったく考え直されるようになった」

「あのときの判事たちは法律家ではあっても、国際関係に通じている人ではなかった」

（『ヨーロッパの旅』（新潮社　1957年））

**髙山**　フーヴァーもそれを指摘している。ルーズヴェルトはソ連に本当にヘロヘロだった。スターリンを信奉していたみたいで、大統領になるとさっそく国家としてソ連を承認してしまった。思想的にも共鳴している。そんなことを言っています。もっとも、フーヴァー自身、日本や極東のことを何も知らない。

たとえば日本を孤立させ、一方で支那を今のようないびつな大国にしてしまったスティムソン・ドクトリン、つまり支那人が満洲民族の清王朝の巨大な版図を継承するという大嘘を出させた張本人で、だから彼の共産党についてもどこまで理解していたかは怪しいね。

**阿比留**　外国の要人であればいろいろなことを知っているんだろうと思うのは勘違いなんです。現代の話になりますが、中国国家主席の習近平が尖閣の歴史を知っているかといえば多分何も知らないと思います。日本との交渉の歴史だとか、靖國神社とは何かとか、きちんと理解はしていないと思いますね。ただもうとにかく「これは悪いんだ」と誰かにレクチャーされる。それをそのまま言っているだけで、言っているうちに本気になる。外国の首脳の歴史観なんてそんなものだと思いますね。

## ●社会全体に行き渡る反日的傾向

**髙山**　朝日新聞やＮＨＫが吹き込まれたのは、日本が植民地支配に苦しむアジア諸国を解放したヒーローであってはならない、「アジア解放のために殉じ、敗れ去ったなどと思わせるな」というコーデル・ハルの言葉だった。アジアをいじめ搾取したのは白人ではなく、侵略者日本だったという歴史の書き換えを求められた。

**阿比留**　『眞相はかうだ』を『眞相箱』に看板を替えて放送を続けたり、『太平洋戰爭史』を自紙で連載した以上、それが正しいということを言わないと、彼らがもたないわけです。

**髙山**　NHKは、まだそれを直していないね（笑）。

**阿比留**　森友・加計問題も、安倍さんは悪いと言っている以上は言い続けなければいけない。実は関係ありませんでした、とはもはや言えないわけです。

**髙山**　朝日新聞は新聞社の体面とGHQに取り潰されないために、その意のままに動いていく。朝日新聞の社内にもそれを批判する者がいなかった。

GHQはGHQで手懐けた朝日を使って思想統制していく。日本は東南アジア諸国で悪いことばかりした。マニラでは10万人殺した、タイ、ビルマでは連合軍の捕虜を虐待し、地元住民を駆り出して酷使し20万人を殺した。レールの枕木ごとに死人が出たとかGHQの言うままに報道する。

その一方で米国人は偉い。ハーバード大教授のラングドン・ウォーナーは日本の文化財を守れと米軍に言い、京都を戦災から守ったと朝日新聞の特ダネとして書かせた。実際は原爆の投下候補地の最初のターゲットが京都駅の西側の梅小路操車場上空500メートルで、第1号ウラン型原爆を爆発させる予定だったとのちにそれが史料として見つかっている。

文化財を街ごと破壊する。50万の市民を焼き、東寺も清水の舞台も金閣寺、銀閣寺も本気で焼き尽くすつもりだった。そんな野蛮人がまるで文化財を守るいい人みたいに装うのを朝日新聞は手助けした。

そうしていれば朝日新聞は日本を代表する大新聞社でいることが保証された。その路線は笠信太郎《りゅう》から船橋洋一、そして今は論説主幹の根本清樹が出てきて、彼らはそれが一子相伝のようにその姿勢を墨守している気配がある。

社内にもこれはちょっとおかしいんじゃないか、みたいに言う人がいない。そうしているうちに、侵略者である、という日本に対する枠組みが決まり、社是になっていった。

**阿比留**　私の知り合いで、週刊誌のライターをやっていて食えないからというので朝日新聞に再就職した人がいます。社会部に配属になったのですが、その人と以前に話したとき、こんなことを言っていました。見ていると、みんな最初はノンポリである。しかし、こういうふうな路線で記事を書くと上司の覚えがいい、こういうふうな路線で書けば大きく取り扱ってもらえる、ということで記事がどんどん左傾化していく。そして、そんな記事ばかりを書いているうちに、本人もどんどん左傾化していく。

これと似たようなことを昔、北海道教職員組合の組合員に聞いたことがあります。

教師になりたくて教師になり、なった当初は中立というかノンポリである。けれども、北教組という組織はかなりアカいんです。北教祖の組合員たちが、全員というわけではありませんが学校に何人かいる。声が大きい。みんなが引きずられていく。それで自分も組合に入ることになり、染まっていくというわけです

とはいえ、これはやはり社会全体に、戦後すぐに始まった反日的傾向が行き渡っているためだと思います。私たちが子供の頃、というよりも、少年時代、大学生くらいの頃もそうでしたが、日本軍が暴虐を極めたなどは当たり前だという感覚がありましたし、1990年頃から慰安婦問題が爆発的に報道され始めますが、当初は「日本軍が強制連行していた」と言われても全く疑問に思わない人が多かったように思います。日本=悪という刷り込みは、すでになされていました。その中で少数の「えぇ？　そうじゃないでしょ」という人がコツコツと反論し、反証を積み重ねてきてようやく今の状況に至るわけです。

朝日新聞自身の記録にもありますよね。吉田清治《せいじ》の、朝鮮半島で女性を連行して慰安婦にしたという記述をはじめ、そういったものを書いて載せていたら、当時を知る世代の人たちから投書や電話が来た。「日本軍はああいうことをしていません」とか「そ

れはちょっと違うんじゃないですか」というクレームです。それを朝日新聞一面のコラム「窓」の執筆者は1992年3月3日付同コラムで「知りたくない、信じたくないことはある。だが、その思いと格闘しないことには、歴史は残せない」と叱りつけすらしました。どこまで偉そうなんだか（笑）。

**髙山**　アメリカが行った戦後処理は、日本人というひとつの民族を根本からつき崩すという意味で、すこぶる用意周到だったね。

**阿比留**　このプロパガンダは同時に、自分たちのためでもありました。日本をやっつけるだけではなくて、自分たちはきれいである、と子供たちに教えたいわけです。

**髙山**　アメリカは原爆を落とした。非戦闘員を大量虐殺する許されざる行為なのに、それを何とか正当化していった。

　第一に日本は卑怯な国で真珠湾をだまし討ちにした。第二に日本人は残虐で、1日放っておけばアジアの国々で1日数千人を虐殺している。早く降伏させる責務があった、日本上陸作戦をやればわが米国人がさらに200万人死ぬとか。とにかく歴史を書き改めていった。

日本大使館前に設置された
慰安婦の像

だから、日本を降伏させるために原爆投下はやむを得なかった、というふうにもっていった。

**阿比留**　1946年に始まる東京裁判でも、日本側の弁護士が原爆に言及しようとしたとたんに速記が止まります。それくらい、アメリカの人たちも当初は後ろめたかったわけです。

いつか日本に責められるのではないかと、相当ナイーブに怖がっていました。しかしアメリカ国内で、原爆投下は戦争終結のための良策だったという教育がずっとなされていく。アメリカ人自身、そのように思い込み始める。悪かったという人ももちろんいるけれども、大半の人は、あれはあれでよかったのだ、という見方に現在はなっていますね。教育というのはやはり恐ろしいものだと思います。

## ●五大国・日本への偏見

**高山**　戦前、日本は五大国のひとつだった。アメリカ、イギリス、フランス、日本、イタリアです。海軍力も、アメリカ、英国に次ぐ3番目と称されていましたが、実際はもっと強かったでしょう。だけど、完全に孤立した。

孤立しても、日本は本当にすごい国だった。

たとえば欧州の溶鉱炉の歴史を見ると、平炉だとか反射炉だとか電気炉、いろいろ炉ができるけれども、当時は、ハンガリーでこういうものを作った、フランスではこうだ、英国はこんな炉を作った、という具合に各国それぞれが研鑽し合って、どんどんいい溶鉱炉ができていた。いい溶鉱炉ができればいい鋼ができる。いい鋼ができればいい武器になる。多くの国が国境を接し合う西欧にはそういった切磋琢磨があったが、日本の場合は、周りが朝鮮と支那。競争のしようがない。日本は国内で試行錯誤する以外になかったが、それにしてはたいしたものを作ってきたと思う。

“空飛ぶ要塞”B-17

欧米にとってみれば、こんな国はやはり放ってはおけない。

イギリスにはスピットファイアがあり、ドイツにはメッサーシュミットがあり、彼らこそが最高の飛行機を作り、最高の戦闘機を飛ばしていると思って戦争をやっていた。そこに米国が最大級の重爆撃機B－17、通称「空飛ぶ要塞」を完成させた。だいたい爆撃機は鈍重でもたもたして戦闘機の餌食になるというのが相場だった。

ところが欧州戦線にいざ持ち出してみると最高と謳われたメッサーシュミットもハインケルも、Ｂ－17には歯が立たない。

どの戦闘機も追いつかないし、１機も撃墜されなかった。むしろ逆にそのハリネズミのような重火器によって戦闘機が撃墜された。『メンフィス・ベル』というＢ－17が欧州戦線で活躍する映画を見たら、そのコックピットには10機以上の独戦闘機を落としたマークがついていた。

その無敵のＢ－17を日本と開戦というときには、40機も用意していた。ろくな戦闘機しかないと彼らは思っていた日本といざ開戦となったら好き放題に日本を爆撃して、「日本という国を地図の上から三カ月で消し去ってみせる」（ノックス海軍長官）と信じていた。

日米開戦はまず米軍が目をつぶっている間、日本軍に真珠湾に囮としてつないでいる米太平洋艦隊を好きに襲わせる。もちろん米艦隊は全部やられるなんて思ってもいなかった。日本は飛行機もひどいうえに、日本人パイロットは急降下爆撃もできないと信じられていたからね。

## ●非白人・非キリスト教国家に対する蔑み

**阿比留**　昔の海外の文献を見ると「日本人の目は歪んでいるから飛行機乗りに向かない」とか、本当にそんなことが書かれています。

**髙山**　鳥目だとか。おぶって育てられるために三半規管がまともじゃないから飛行機に乗れないとか。

**阿比留**　そんなことを平気で向こうの学者が書いていますからね。

航空機だけで戦艦を撃沈したマレー沖海戦は世界を変えた

**髙山**　今も同じようなものです。実は日本人は女の地位が低いだとか、報道の自由がないだとか、非白人・非キリスト教国家に対しては蔑みの極みにある。戦前の日本を戦争軍事大国だなんて言ったところで、いくら日露戦争での西洋の敗北があったとしても、あれはまぐれだ、ロシア人だからしょうがないんだ、くらいに思っていた。「日本は手間取ってもまあ3カ月」というノックスの話というのは結構、高い信頼性をもって聞こえていたわけだ。

**阿比留**　だからチャーチルも、まさか英国が誇る戦艦であるプリンス・オブ・ウェールズとレパルスが1941年12月のマレー沖海戦で撃沈されるとは思わなかった。大ショックを受けるんです。

**髙山**　しかも航空機によって戦艦が沈むなんてことは想像もしていなかったわけだよね。いざ蓋を開けてみれば、やっつけるどころか全部やられてしまったというのがあの戦争だった。

だから戦後の日本をどうするかということになれば、ローマがカルタゴにやったのと同じ、国家解体です。

モンタージュ写真の「montage（モンタージュ）」という言葉がありますね。寄せ集めて作るという意味だけど、それに de をつけて「demontage（デモンタージュ）」という言い方がある。解体、という意味です。

要するに日本の工業力を解体する。ドイツにもやりました。工業地帯のアルザス＝ロレーヌからルール地方まで奪った。日本の場合は賠償使節団のエドウィン・ポーレーの指導で航空機工業を全廃し、造船、製鋼、アルミ精錬などは工場を解体し海に投棄するか、朝鮮支那に運び出すというまさに工業国家・日本の解体だった。将来的には軽工業まで解体して鍋釜を作れる程度にまで引き落とす予定だった。

**阿比留**　自前の戦闘機を未だにまともに持てないというのは、航空機産業を徹底的に解体させられたからですね。

**高山**　あの影響は大きかった。

## ●民間を攻撃しない日本

**阿比留**　もうひとつ、これまで我々は騙されていたということがあります。最近、いろいろな資料が出てきていて、神風特別攻撃隊はものすごい成果を上げていたというんですね。特攻については、あれはほとんど無駄死にで、たいした意味はなかったというふうにずっと言われてきました。けれども、それは彼らが被害を隠していたためだと思いますね。あんなことをする日本人に、また同じような真似をされたらたまらんというわけです。

**高山**　「赤とんぼ」というものがありました。

**阿比留**　練習機ですね。

**高山**　最後は飛行機がなくなって、練習機の赤とんぼに爆弾を搭載して駆逐艦に突っ込む。迫ってくるから機銃掃射するのだけれども、赤とんぼの機体は羽布張りだから弾が全部抜けていってしまう。撃墜されずに、駆逐艦を本当に沈没させた。

その「赤とんぼ」についてはこういう話がある。大正期から昭和にかけて、アメリカはまだ日本を甘く見ていた。プラット・アンド・ホイットニーなんていう航空機用エンジンメーカーが、日本に下請けをやらせていた。中島飛行機や三菱なんかが一生懸命にやり、それを通してエンジン技術を随分教えられたという。そのお返しに、九三式練習機「赤とんぼ」を作り、お礼としてアメリカに3機ほどプレゼントしたんです。複葉の「赤とんぼ」は見栄えが悪かったけれど、乗ってみたらものすごく操縦性はいいし、安定性も高い、これは使えるわということになった。そこで、アメリカはそれをモデルにトレーニング用のPT17型を大量生産した。あちこちで米国の練習機として、いわゆる「赤とんぼ」が飛んだ。

1941年12月7日の日曜日の朝早くだった。コーネリア・クラーク・フォートと

九三式中間練習機、別名“赤とんぼ”

いう女性パイロットがそのＰＴ17型に生徒を同乗させてオアフ島の上空で訓練をやっていたら、カフク岬から入ってきた見知らぬ爆撃機の編隊の中に紛れ込んでしまった。びっくりして上昇して見下ろしたら翼に大きな日の丸が描かれていて初めて日本機の攻撃と知った。一方の97式艦上爆撃機の方もなんでこんなところを「赤とんぼ」が飛んでいるんだろうと思うし、練習機側はどうしてこんなところにこんなに飛行機がいるんだろうと思ったそうだ。

日本機はこの後、無線でトラ連送（これより攻撃に入る）を送り、真珠湾のフォード島を一周して係留された米戦艦群に雷撃を加えた。20本撃った魚雷のうち19本がユタ、オクラホマなどの戦艦群を沈めた。

沈没した戦艦の上に建つアリゾナ記念館

日本は義理堅く、技術を学んだら、ちゃんとその技術のお返しをしているんだ。

**阿比留**　その女性パイロットが無事だったことからも分かる通り、日本は真珠湾攻撃のときも民間人は全然狙っていない。けれどもアメリカ映画だと民間人もやられているんですね。

戦争映画も日本への偏見に満ちています。『１９４１』（スティーヴン・スピルバーグ　１９７9年公開）という真珠湾攻撃を舞台にした映画があります。三船敏郎が出演していました。当初、日本は潜水艦を作る能力がないからドイツから輸入しているという設定だったそうです。それを、三船敏郎が「違う」と言った。潜水艦「イ号19」は、ドイツよりものすごく性能がいいと言い張って、設定を変えさせたというエピソードがあります（笑）。

**髙山**　アメリカは根性が悪い。真珠湾のときには現場に１００隻近い船がいたが、日本は軍艦以外、一切攻撃をしなかった。赤十字船が1隻あったけど、被弾ひとつしていない。それくらいはっきりと日本はやっている。

　オアフ島に、沈没した戦艦アリゾナの上に建てられたアリゾナ記念館がある。船で行くんだけど、その前に必ず20分ぐらいの映画を観させられる。真珠湾が不意討ちだったと強調し、その結果、戦艦アリゾナで１１７７人が死んだ、戦艦ユタでは何人死んだなんだかんだと字幕が出て、最後に「アンド57シチズン……」、つまり「民間人57人も日本軍に殺された」で終わる。まったくの嘘だ。米軍が迎撃に撃った高射砲弾の破片が空から降ってきて、それで市民が巻き添えで死んだというのが真実だ。

**阿比留**　自分たちが打った高射砲弾ですね。

**髙山**　それを日本人が殺したと言う。日本人が殺したように装う。ずるい卑怯なやり方で、悪印象をまだまだ刷り込もうとしている。アメリカにはそういう嫌らしさがある。

## ●ペテンはアメリカの常套手段

**阿比留**　日本人が国内で正直であるのは美徳です。しかし、外国というのはやはりそういう国だと理解して付き合わなければいけなかった。たとえば日本軍は補給船は撃たないとか、国際法や道義、人道などそんなことばかり意識していて相手にダメージを与えませんでした。

**髙山**　私は、先にも触れたフルブライトの留学システムがいけなかったんだと思う。これはフルブライトではないけれども、山本五十六もアメリカに行っている。アメリカ通を自認して、日記から何から英文で書いていたとか偉そうに言っている。それだったらもうちょっとアメリカの歴史、当時まだ200年も経っていないアメリカの歴史を勉強するべきだった。

**阿比留**　1620年のピルグリム・ファーザーズ自体がもう詐欺師みたいなものですよ。原地人を騙して土地を取り上げた。アルコール漬けにして懐柔したんですね。

**髙山**　なんで米大陸にアフリカの黒人がいるのかから始まって、奴隷制の歴史にインディアンの虐殺くらいいくらでも調べられた。1835年にはメキシコ領のアラモで入植したアメリカ人が220人、メキシコ政府軍に殺される。それでアメリカはリメンバーアラモを叫んでメキシコに戦争を仕掛けてテキサスを取ってしまった。

この騒ぎだって少し調べればアメリカの仕掛けた罠と分かる。

メキシコは入植の条件に奴隷の持ち込みを禁じたことが分かる。アメリカ人入植者はその禁を破って黒人奴隷を山と連れ込んだ。メキシコが出て行けと言ったのに今度は勝手にテキサス独立を叫び始める。成敗されて当たり前の悪さばっかりやった。で、メキシコが怒る。軍を出す。ここでアメリカは身内を見捨ててわざと全員を殺させた。それでリメンバーアラモだ。いかに性悪か分かるだろう。

1898年のメイン号事件もそう。

キューバに出かけた米軍艦メインがハバナ港の中で謎の爆発をして250人以上の水夫が死ぬ。そして新聞はスペインが仕掛けたと騒ぎ出した。リメンバーメインを叫んで。ついには議会も動いてスペインに宣戦布告してキューバは保護国にし、フィリピンも奇襲して乗っ取り、グアムも取った。２５０人の身内を犠牲にして太平洋の戦略拠点を見事手に入れた。

スペインに宣戦布告して10日後にはマニラに米軍艦7隻が殴り込みをかけている。10日では太平洋を渡り切れる日数じゃないことぐらい誰でも分かる。事前に艦隊をフィリピンに派遣しておいてメインを自爆させる。そういう騙しをやる国だ。

そんな国が本来なら米西海岸にある米太平洋艦隊基地を孤立無援、補給もままならぬ真珠湾に1年も留め置いて日本に経済制裁を加え、挙句にハル・ノートまで出す。馬鹿だって罠だと分かる。ところが五十六は気が付かなかった。

ついでに言えば１９６２年のキューバ危機のときも、ロバート・ケネディは、キューバがやったことに見せかけて米国の駆逐艦を沈めちゃおう、それ

インディアンを追撃する騎兵隊

アラモの戦い。戦死したデヴィー・クロケットはアメリカの代表的英雄

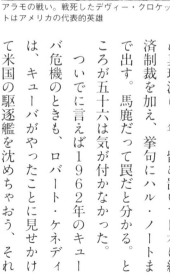

を口実にキューバを攻略しようと言った。それはあまりにも見え透いているということでやめたが、その後、1964年にベトナムのトンキン湾で同じことをやっている。

ハーバードに留学していた
山本五十六

山本五十六はロバート・ケネディも知らなければトンキン湾も知らないわけだけれども、この民族がどうやってインディアンを殺しながらメキシコのテキサスを奪い、あるいはハワイをどうやって乗っ取ったかはあの当時でも十分に学ぶことはできた。

**阿比留**　昔、オアフ島のポリネシアン文化センターに行ったことがありました。ポリネシア系の人たちが扮した劇があって「我々は喜んでアメリカ人をこの島に受け入れよう」みたいなことを言うんですね。本当に不愉快です。王朝をむりやり乗っ取っておきながら、何を言わせるんだということです。でも世の中はそういうものです。日本人が初心《うぶ》すぎるというのは確かによくないのです。

## ●初心すぎる日本

**阿比留**　19世紀中頃に清とイギリスの間にアヘン戦争がありました。そんなに遠くない歴史で、たとえば慰安婦問題については日本にとやかく言うのに、中国がイギリスに対しては何も言わないのを疑問に思う人がいます。

これはつまり、中国はイギリスには何を言っても無駄だと思っているからです。イギリスに文句を言っても何も対応しないと分かりきっているから何も言わないわけです。

また、韓国などは、１９５０年に始まる朝鮮戦争で中国軍に攻撃されて自国民がたくさん死んでいます。しかし韓国は中国に対してそんなことは一切言わない。これはまた、先の話とは逆で中国に言ってもまったく無駄だからです。韓国は日本に対しては、「日本海は東海だ」と叫びますが、中国に対して「黄海は西海と呼べ」とは決して言いません。相手にされないか、手厳しく反撃されると分かっているからです。

しかし、日本に何か言うと「ああ、どうしよう、どうしよう」と慌ててくれる。だから、中国や韓国は言うのです。ただ、こういう話があります。

知日派で知られるリチャード・アーミテージというアメリカの元国務副長官がいま

すが、公の席ではないところで、ある日、安倍総理に慰安婦問題について日本はもっと反省を示すべきだとかぐちゃぐちゃと言ってきたことがあった。

その時、安倍総理は「日本の保守はだいたい親米派だけれども、アメリカがやったことを忘れているわけではない」と言ったんですね。慰安婦問題だとかなんだとかばかり言っていると、日本人も東京大空襲や原爆のことを思い出しますよ、と反論したのです。そうなったら日米関係はどうなりますか、と言ったらアーミテージは、ああそうなんですか、と言って帰っていったそうです。

政治家が、はっきりと言わなければいけない。慰安婦問題については安倍政権になってからはっきりと言うようになり、すると韓国も、国内向けにはぐちゃぐちゃとやるけれども、日本に対してはだんだん言えなくなってくるのです。

本当のところ、いわゆる歴史問題については、日本側が下手に対応したのが悪いのです。日本は初心過ぎるということに繋がってくるのですが、相手国が何か言ってきたら必ずうまく対応しなければいけないと思い込んでいる。放っておけばいいときは放っておけばいいし、反応するべきときは反応すればいい。とにかく動じないということが大事です。

外国と仲良くしようという発想がそもそもおかしいんですね。お互いを利用すればいいだけです。第1次安倍政権が打ち出した対中方針、戦略的互恵関係とは、そういう意味です。わざわざ「戦略的」とつけているのは、つまりは「計算づくで」「ウエットにならずクールに」ということです。互恵関係、つまり、お互い得するようにしましょう。それでいい。

友好はあったっていいんです。友好は友好で気持ちのいいことです。しかし、安倍総理がよく言うことですが、友好は目的ではなくて手段です。手段であるはずの友好が目的になってしまうと、本末転倒を起こします。アメリカは本当にえげつない国です。しかし日本としてはそれを利用する。シンプルな話だと思います。経済の面では、日本はアメリカをそれこそ70年、まさしく利用してきました。

アメリカは、本当に北朝鮮が核兵器を撃つ兆候がなくても、インテリジェンスを使って「撃つ情報があったから攻撃した」と言い張れば、ベトナムのトンキン湾の事例と同じように攻撃できてしまう国です。そこがアメリカの恐ろしいところです。それは朝鮮労働党委員長、金正恩もさすがに分かっている。ビビりながらいろいろと動いているのだろうと思います。

## ●アメリカがでっちあげた南京事件

**髙山**　南京事件はアメリカが作った話だと考えてまず間違いない。南京裁判で証言した歴史学者のマイナー・シール・ベイツや東京裁判で証言した宣教師のジョン・マギー、同じく宣教師で口述書を残したジョージ・アシュモア・フィッチなど、関わっているのはすべてアメリカ人。南京事件が２０１５年に世界記憶遺産に認可されたとき、登録された記録映像通称マギーフィルムはこのマギーが撮影したものですね。

ニューヨーク・タイムズの特派員ティルマン・ダーディンは、最も早く南京事件を報道したジャーナリストのひとり。日記のかたちで当時の様子を残したという女性宣教師ミニー・ヴォートリンは南京・金陵女子大学の教師だった。米大手新聞のシカゴ・トリビューンとニューヨーク・タイムズは１９３７年の時点ですでに最初のストーリーを作っている。

この時期、アメリカは国務長官と陸海軍長官とジャーナリスト代表でアメリカ広報委員会（ＣＰＩ）を作り、中国に親米反日の機運を盛り上げていた。アメリカの特派員もその一翼を担っていた。そのひとりがニューヨーク・ヘラルドの特派員ウィリアム・ドナルドだった。宋美齢とデキていたと言われている。蒋介石が拉致監禁された１９３６年の西安事件のときに、西安へ宋美齢を連れて飛んだのがこのウィリアム・ドナルドだった。

事件の首謀者である張学良と楊虎城《ようこじょう》に「お前らは引っ込んでいろ」と言って蒋介石を解放させる。アメリカは蒋介石にカネも軍備も飛行機も与えてきた。それで日本をやれ。日本を戦争に引きずり込めと指導してきたが、つまらぬ内輪喧嘩を始めた。真面目にやらないともう援助しないぞと脅しをかけたのだと言われる。蒋介石はそれで北伐をやめて対日挑発に取り掛かる。

翌１９３７年に入ると様々な対日テロが始まる。７月７日に盧溝橋事件があり、７月末に通州事件があり２５０人の日本人居住者が殺される。８月13日に上海攻撃が始まる。米陸軍航空隊将校のクレア・リー・シェンノートも宋美齢と一緒に中国軍隊空軍の指揮かなんかをやっている。ずっと繋がっているわけ。ウィリアム・ドナルドなどというのは紛れもなくニューヨーク・ヘラルドの人間だ。

一介の特派員がそんなに仕切れるわけがない。背後にいたのが先に触れたアメリカ広報委員会（ＣＰＩ）で、支那にいた米国特派員はすべてこのＣＰＩの指図で動いていたとみて差し支えない。

## ●極東の歴史など関心がない国際社会

**阿比留**　中国国民党と当時のアメリカが非常に密接にくっついていたのは間違いないですね。周知の事実と言うべきか。

**髙山**　評論家の金美齢さんが言っていますが、蔣介石の側近はすべて米国留学経験者です。要するに、中国人のフルブライトのインテリ(笑)。彼らの養成もCPIが仕切っていてその費用は義和団の乱でアメリカが巻き上げた支那の賠償金が充てられた。

**阿比留**　南京事件の場合、最初に宣伝工作を流したのは確かにアメリカの援助を受けた国民党だと思いますけれども、大問題になったのはずっと後です。やはり本多勝一の『中国の旅』(朝日新聞社　1972年)以降ですね。

**髙山**　東京裁判でも、わざわざマギーかなんかを呼んで証言させているでしょう。

**阿比留**　しかし、あのときはそんなに話題にはなりませんでしたよ。

**髙山**　そうだね。それも東京裁判を仕切るGHQが朝日新聞を使ってアメリカ広報委員会が作った南京事件をいかにもあったように書かせたのが真相だろうね。

**阿比留**　首相の靖國神社参拝の問題も朝日新聞が世界に発信、いやご注進したことです。ちなみに、靖國については韓国政府も文句を付けていますね。これはおかしいでしょう。

　中国が言うのなら、百歩譲って、本当は言うべきじゃないけどあんたら事情もあるだろうから言うだけなら許すよ、ということにもなるでしょうけれども、どうして韓国が言ってくるの、ということです。日本と戦争したことなどないわけですから。

茶番劇だった東京裁判

　知人の外交官に聞いた話ですが、それまで下っ端しか言ってこなかった靖國問題について、盧武鉉《ノムヒョン》政権当時に初めて閣僚級の人が文句を言ってきた。先方の外交当局に「どうして韓国がこの問題を言ってくるの」と尋ねると、その答えが「いや、中国がいろいろ言っているから何か言わないといけないと思って」と答えたというのです（笑）。理屈ではありません。あの民族の特性として、一旦言い出すとカッカし始めるわけですね。

**髙山**　旭日旗の話も同じ。戦ったこともない日本海軍の旗に、どうしてお前らは因縁をつけるんだ、ということだね。

**阿比留**　国際社会なんてものは、極東の歴史など何も知りません。

これも、さっきの外交官に聞いた話なのですが、第二次安倍政権ができた翌年、東海岸に行って米政府高官などいろいろな人と意見交換をした。すると、その米政府高官は日本が韓国と戦争したことがないことを知らなかったというんです。政府高官といってもその程度です。

実はトランプ大統領も、安倍総理が教えるまで日本と韓国が戦争していないことを知らなかった。こちらから教えてやらなければいけないのです。つまり、実は根が浅い話なのです。根が浅い話でも、森友・加計問題みたいにむりやり仕掛けて大きな問題にするわけです。

## ●人体実験大国アメリカと731部隊

**髙山**　南京事件は蔣介石のグループが言い出したふうにしているが、元はアメリカ製だ。アメリカは日本が侵略者だと言って原爆投下も正当化したが、支那もまたアジアの民を裏切って白人国家と手を組んだ裏切り者だ。それを言われたくないからアメリカと一緒になって日本軍は残忍な侵略者だと言い続ける。

アメリカも同じ。立ち止まってはいけないから日本が悪いと言い続ける。たとえば２０１３年、第二次安倍政権ができたときに首相がブルーインパルスの練習機に乗ったことがありましたが、その機体番号が「７３１」だったとアメリカが大騒ぎした。ジョナサン・テッパーマンという、以前ニューズウィークのニュースデスクをやっていた奴がニューヨーク・タイムズに安倍首相の写真入りで記事を書いた。７３１部隊で日本はこんなことをやっていた、現代のナショナリストの安倍が乗る飛行機が７３１は象徴的だと書いた。

７３１部隊の人体実験などは、そもそもが作り話だ。機密文書が公開された２００７年に産経新聞が記事にしているが、１９９３年に始まる米クリントン政権は中国にものすごくすり寄った政権だった。当時、７３１部隊を立証するために、国立公文書館をひっくり返してやった。しかし、何も出てこなかった。

終戦当時も７３１部隊については何も出てこなかったから、石井四郎陸軍軍医中将以下誰もひっくくられなかったわけだ。しかしそれが、「人体実験はやらない」アメリカが731部隊の貴重な人体実験資料と交換に石井たち一派を許したのだ、という話にされた。

そのストーリーだけがずっと独り歩きし、支那では中学の歴史教科書で写真付きで紹介されている。その写真というのが蔣介石の軍が済南で起こした日本人虐殺の検死写真だった。手足を斧でぶった切り、顔面の皮を剝ぎ、目をえぐり、乳房を切除し、局部には棒を突き立てている。支那人特有の殺し方で、それを日本の医師が検死している写真で、731とは無関係のものだ。そういうのを支那は平気でやる。

そして、もうひとつ笑わせるのが、クリントンの時代に、先の大戦中からアメリカが人体実験をやっていた事実が明るみに出たことだ。アラバマ州のタスキギーという町で、1932年から40年間、黒人梅毒患者を泳がせ、治療に来ても治療しないで帰して、その伝染していく様を追跡調査した。その実験を例の米疾病対策機関がやっていた。クリントンは1997年にホワイトハウスで正式に謝罪している。

2009年に始まるバラク・オバマ政権でも同様のことが起きている。

1940年代に、新薬のペニシリンの効果を検査するために、グアテマラで、囚人や障害のある少女などに梅毒に感染させ、ペニシリンの効果を投与しないグループと投与したグループに分けて観察した。梅毒菌を局部や目の中に打ったり、ナチスのメンゲレそこのけの異常な実験を繰り返していた。オバマは２０１０年にグアテマラに謝罪している。

まだほかにも様々な人体実験をやっていたと言われ、要するにアメリカは人体実験大国だったとばれた。７３１部隊の資料がほしかったなんて聞いてあきれる。

そういう嘘がばれた話を、このテッパーマンやニューヨーク・タイムズなどが嘘を承知で書きまくっている。

## ●付け火をすれば煙は立つ

**阿比留**　嘘も１００回言えば本当になるというのはとても怖い話です。この間も、韓国は日本政府に対し、慰安婦については性奴隷という言葉を使わないと２０１５年の日韓合意で約束していたことが、韓国自身の調査で出てきました。日韓合意当時の韓国外交部長官・尹炳世《ユンビョンセ》は、慰安婦の元をしょっちゅう訪問したり慰安婦の写真を執務室に飾ったりするくらい慰安婦問題が大好きな人物でしたが、その彼にしても、慰安婦は別に性奴隷ではないということを認めてしまっているわけです。

それでは、性奴隷ではなく、強制連行されたわけでもない慰安婦が、どうしてこんな大問題になるのか。

つまり、何もなくても問題を作ることができるんですね。火のないところに煙は立たないという諺がありますが、「付け火をすれば煙は立つ」のです。そして、付け火が上手な人たちがいるんですよ。

**髙山**　日本はナイーブすぎるんだね。毅然として、そんな失礼な嘘をつくのであれば大使を引き上げるとかすればいい。

**阿比留**　それが困ったことに、日本人が火を付けるのです。良心的日本人という人たちがいます。良心的日本人は、自分が良心的であるために、相対的に他者が良識のない悪漢でないと困る。自分以外に悪漢である日本人がいて、ちゃんと悪いことをしてくれないと困るわけです。そこで安倍総理なり誰なりを「絶対的悪」と仮想してその敵と戦う私たちは素晴らしいと妄想し、その倒錯に基づいて行動する。そういうのがいちばん困った人たちです。

## ●学生運動と華僑とテロ

**髙山**　１９７５年5月19日に産経新聞（当時サンケイ新聞）が、連続企業爆破事件に関してスクープしたことがある。前年の8月30日に丸の内の三菱重工ビルで起きた爆弾テロ事件の犯人数名に逮捕状が出た、というスクープです。

　東アジア反日武装戦線というテロ集団グループの犯行だった。当時の顚末は、取材班キャップだった福井惇さんが『狼・さそり・大地の牙』（文藝春秋　２００９年）という本で詳しく書いている。

　あのとき私は航空担当の遊軍で、朝刊が抜いた19日の朝早くデスクから「早く出てこい、新聞を読め」とか言われて呼び出された。大特ダネで、編集局はワンワンたる騒ぎだった。「夕刊の社会面アタマはお前が書け」と言われた。あのスクープは警視庁担当だった福井さん以下のメンバーのもので、その栄誉の端くれをこれでいただいたようなもので、今もあの熱気をよく覚えている。いい経験だった。

　ＮＨＫの『アナザーストーリーズ　運命の分岐点』というドキュメンタリー番組に、犯人の１人、東アジア反日武装戦線の「大地の牙」班の大道寺将司が連行される様子が出ていた。その逮捕の瞬間を捉えた小野義男カメラマンの話をもとにこっちが記事を書いたのだけれど、そのずっと後、大道寺将司が「三菱重工ビルは最初の目標ではなかった」「本当は天皇陛下をやるのが目標だった」と自供した。

これは福井惇キャップから教わった話だ。のちに文藝春秋社から福井さんの本が出され、詳細が語られているけれど本当にびっくりする話だった。彼らは昭和天皇が那須の御用邸から帰られる前々日に荒川橋梁へ行ってあの三菱重工に仕掛けた爆弾を橋梁の下に設置しようとした。ところがどうも誰かにつけられているような気がして、その夜に仕掛けるのをあきらめた。

翌日の深更、また出かけ、荒川橋梁に爆弾を運んだけれど、何か気配が感じられる。逡巡して逡巡して、周りを窺ったがどうにも嫌な予感が消えない。結局、持ち帰った。余った爆弾2缶は結局、三菱重工ビルに持っていったという。

陛下を狙う気になったのは、実は華僑系の支那人に吹き込まれたと自供している。70年安保が終わった後に、華僑青年共闘が持ち込んできた思想が、まさにアメリカが吹き込んだ日本侵略者歴史観そのものだった。朝鮮を奴隷支配し、支那を侵略し、さんざん残忍なことをやり、東南アジアをすべて侵略しようとした。すべて昭和天皇がやったことだ、だから昭和天皇を標的にしたという。

連中は歴史を知らない。まともに学べば朝鮮は古代社会にいたものを日本が日本の金で文明開化させてやっただけだと分かる。そして、支那は金でアメリカに買収され、チェロキー族とコマンチェ族のように互いに戦わせられた、という姿が見えてくる。幼稚で不勉強な輩が結局、浅知恵で支那人に操られていたことが浮かび上がってきた。

でもどうして華僑グループなのか。70年安保の前後、全共闘グループが総括や内ゲバで殺しあった。1972年の浅間山荘事件などを見て、あんなもんだったのか、とだいたいの日本人がそっぽを向いた。全共闘のグループが目的を失いかけたときに、声をかけてきたのが華僑の青年グループだったというわけだ。

華僑のグループは最初、全共闘のメンバーとして入れてくれと言い、入れる、入れないで大騒ぎになった。全共闘には結局入れなかったけれど、確実に日本解体を狙い続け、下火になってしまった学生運動を、華僑がもり立てようとしていたのです。それに染まったのが大道寺将司らだった。それで昭和天皇のお召列車を狙ったけれど、果たせなかった。実際は誰も彼らを監視してはいなかった。でも二度試みて二度とも嫌な気配でやめた。それは何だったか。大道寺将司が日本人だったからじゃないかと思う。日本人にはそんなことは絶対できない。そういう超常的な空気があったのではないか。それ以外、思想的にいかれた大道寺が二度も自発的に中止した理由は考えられない。いくら支那人でも日本人の心を変えられなかった。福井さんも同じようなことをおっしゃっていた。

## ●100人斬りの記者を囲い込む中国の悪知恵

**高山**　支那人もアメリカ人に似てあくどい。日本人が及びもつかない悪だくみを平然とやってのける。その一例が1960年代の廖承志《りょうしょうし》の動きだ。1966年に文化大革命が始まるが、その前に廖承志は日本から招いた新聞関係者の中に、浅海一男《あさみかずお》が入っているのを知った。浅海一男は1937年、東京日日新聞紙上に「百人斬り競争！／両少尉、早くも八十人」という見出しの、野田毅少尉と向井敏明少尉が南京入りまでに日本刀でどちらが早く100人斬るかを競ったという与太記事を書いた。

戦後、浅海の記事が元で野田、向井両少尉は無実なのに銃殺刑にされた。この「百人斬り」報道は支那とアメリカで捏ね上げた南京大虐殺の嘘の補強材料にも使われてきた。それを書いたのがこの浅海だった。当時は毎日新聞の労組委員かなんかをやっていた。廖承志は、即座に浅海とその家族、つまり妻と娘も一緒に支那に招いて好条件で職を与え、娘は北京大学に入れた。

何故そんなことをしたか。「百人斬り」は同証拠をかき集めても嘘と分かっていた。浅海を日本においておけば、実際、稲田朋美さんがその事実を争う訴訟を起こしていたけれど、浅海が「嘘でした」「申し訳ない」と謝罪するのが目に見えていたからだ。

浅海の嘘がばれれば、芋づる式に南京大虐殺の嘘もばれていく。まさに蟻の一穴になる。南京大虐殺の嘘がばれれば鄧小平《とうしょうへい》の時代に花盛りを迎える日本からのODA（政府開発援助）もあり得たかどうか。そこまで読んで浅海一家を早々に囲い込んだ。

百人斬り"超記録"
向井106―105野田
両少尉さらに延長戦
"百人斬り競争"の両将校

百人斬りというデタラメの記事

浅海一男は貴重な嘘を支える支柱だった。だから、浅海を中国は抱え込んだ。1970年代に百人斬りが日本で問題になったとき、浅海は北京から行って、あれは本当だと証言してまた北京に戻っている。

浅海の娘は北京大学を出て、そのあと北京政府はちゃんと面倒を見ている。僕は偶然だけどその娘に会った。日本人観光客向けの施設の一隅でティーハウスを経営していた。店には廖承志の額があり、「浅海一男へ」と入っていた。彼女に聞いたら「ああ、父です」と言う。あんたの親父の与太記事で少尉2人が無実の罪に落とされたじゃないかと問うてみた。娘は平然と「無実かどうかは父が知っていることです」と答え、「父も苦しんだんです」という。「人を殺しておいて苦しむのは当たり前だろが」と娘にはっきり指摘してやったが何の反省もなかった。

感じたのは、廖承志のものすごい深読みです。1960年代当時から、これをネタにしようと決めていた。日本人には、こんな悪知恵は働かない。1979年から中国は日本のODAを引き出すわけだが、要するに、浅海が自供してしまったらすべて台無しになってしまうだろうということをちゃんと知っていて、予防線を張ったわけだね。大したものだとしか言いようがない。

## ●朝日新聞が安倍晋三を目の敵にする理由

**阿比留**　どうして嘘がそのまま通用してしまうのか。やはり人は、秘密の吐露とか、俺だけが知っているだとか、陰謀論めいたものが好きだからでしょう。陰謀を知っている私は賢くて正しいに違いないと思いたいんでしょうね。慰安婦に関する吉田清治の証言など、普通に考えれば、絶対にあり得ません。誰がどう考えてもあり得ないことを言っているのに、みんな信じ込む。山口県労務報国会下関支部の動員部長というどうでもいい肩書きの人が済州島に乗り込み、軍を動かして女性を強制連行するなど、できるはずがありません。

**髙山**　森加計問題だって、どう考えてもあの報道が市民権を持つはずがない。書いている朝日新聞のほうもそれをものすごく意識していて、疑惑は残っている、みたいな書き方を何としてでも続けようとしてる。

記事を書く記者もいるけれども、それに見出しを付ける整理部もいる。故意に疑惑がある方向にもって行っているのは自分たちでも分かっているはずだ。そんなことをみんなでやっている。朝日新聞で働く者は事実などどうでもいい、ただ給料をつがなくもらえればいいと思っているみたいに見える。

**阿比留**　確信犯ですね。それから、集団心理です。大きな会社ですから、みんなで一斉にやっていて仲間内で傷をなめ合い、これでいいのだ、みたいになっているのではないかと思います。

**髙山**　朝日新聞の給料はガタ落ちで、頼みの年俸も2019年度は平均1600万円カットされるという。部数も音を立てて落ちている。下手したら実売数は300万に近いところまで落ちているという報道もある。正義も貫けず、記者の矜持も失って肝心の金も出なくなっては危機感も募ろうというものだね。

**阿比留**　危機感はあるけれども、それは「安倍のせいだ」と思っているんじゃないですか。すべて「安倍のせい」です。どうして安倍さんが朝日新聞に嫌われているかというと、それはやはり長年の経緯というものがあると思います。2000年代、官房副長官の時代に拉致問題で朝日の姿勢を繰り返し批判した、その頃からの因縁があります。

2005年に朝日新聞が「NHK『慰安婦』番組改変　中川昭・安倍氏『内容偏り』前日、幹部呼び指摘」という見出しの記事を出しましたね。そのときの安倍さんの反論にはものすごいものがありました。当時、月刊誌『諸君!』（文藝春秋　2009年休刊）などのインタビューを受けて、朝日新聞の部数減について、「これは長年の読者が、宿痾のごとくこびりついた朝日の捏造体質に辟易している結果でしょう」など言っています。官房副長官ごときが「大朝日さま」になんてことを、ということです。

**髙山**　「NHK『慰安婦』番組改変」の記事が出た頃、安倍さんは拉致問題で北朝鮮に徹底抗戦を決めていた。これを潰そうとして記事を出したんだろう。書いたのは本田雅和だった。しかし逆に、嘘つき仲間のNHKにそんなことは知らんと突っぱねられ、虚報がばれた。

　朝日新聞は公正な第三者委員会に判断を任せるとか言って子飼いの憲法学者や報道仲間をかき集めて嘘ではないみたいな結論を出して謝罪も廃刊も免れた。だいたい偉そうに社会の木吒とか第四の権力とか言って世間様を上から目線で壟断《ろうだん》しておきながら自分のやったことの是非も判断できないなんてのは笑って済ませる話じゃない。

**阿比留**　謝罪はしなかったんだけれども、当時の社長が「一部、取材が行き届かないところがありました」という言い訳はさせられました。

**髙山**　誤報もいいところだからね。そして2012年の11党党首討論会。代表質問の席にいた星浩に、「星さんの朝日新聞の誤報による吉田清治という詐欺師のような男が作った本が……」と、名指しして慰安婦問題を批判した。大朝日様にそんな物言いをした宰相はこれまでいなかった。

**阿比留**　安倍さん自身、歴史教科書議連の事務局長をずっとやっていて、慰安婦問題には誰よりも詳しい。だから、いかに朝日がいい加減なことをしてきたかについても詳しい。そういう経緯もあるんですね。

**髙山**　満天下の、他の記者連中も党首たちも全部聴いているところで、名指しで「朝日新聞はフェイクニュースを流した」と言った。それも、お前のところは30年にわたって嘘を流し続けたと言った。星浩はうろたえ口ごもった。

以来、朝日は「安倍をやる」を合言葉にしゃかりきになって反論しようとしたけど吉田清治は嘘のかたまりで本名も経歴もなにひとつ正しいものはなかった。もちろん彼が語ったことに1字も真実はなかった。1年ちょっとかかって、2014年に詐話師、吉田清治を切ることにした。

**阿比留**　8月5日、6日に「慰安婦問題を考える」という特集で、謝罪はしないけれども、少しズレていましたみたいな原稿を書いて、よけいに批判を浴びました。福島第一原発・吉田昌郎《まさお》元所長の聴取記録をめぐる「吉田調書事件」も発生していて、「吉田調書事件」で謝るついでに、「慰安婦報道」も謝ろうかという感じでしたね。

**髙山**　「吉田調書」の件はあなたが明らかにしたんでしょう。だから、安倍さんと同格で阿比留瑠比も朝日新聞にとっては「処刑すべき仇」なんだよ（笑）。憎んでも憎み足りない（笑）。

関係者に聞いた話だけれども、「吉田清治」は一応のケリをつけたと思っていたら、「吉田調書」の嘘がばれて、そのうえ「池上彰のコラム没問題」が起こった。この3連弾で木村伊量《ただかず》社長はもたなかったという。へぇ、池上彰は大きかったんだ、と言ったら、あれは大きかった、と言っていたね。

**阿比留**　池上彰氏のコラムが没になろうが、それはどうでもいいんですよ（笑）。でも、どうしてだか分かりませんが、社内的には大きかったみたいですね。

**髙山**　だいたい池上彰なんて、そう目端の利いたことを書くわけじゃないしね。

**阿比留**　昨年は引用疑惑もありましたね（笑）。

**髙山**　渡辺雅隆氏が引き継ぐことになったが、出直すどころか今は暴走編集局に置いてけぼりにされて存在感もない。論説主幹の根本清樹あたりが丑の刻参りをして安倍と日本人に仕返しをし続けているというのが現状じゃないか。

**阿比留**　木村伊量社長が辞めた後で社内反省があり、経営側は編集には極力口を出さないということになったみたいですね。社長はじめ経営陣は口を出さない。だからむしろ、今は編集が暴走している状態で、誰も歯止めが効かない。

**高山**　新社長の渡辺雅隆氏が、平均150万だか160万だかを給与カットすると組合の大会で言ったら反対が出た。そりゃそうだよね。渡辺氏は「嫌なら辞めてもらって結構です」と言い、それで騒ぎがもっと大きくなって結局1年、切り下げが延び、2019年の4月から実施することになった。経営策が1年延びるくらいの大紛争になって、社内的にはガタガタ、どんどんカネは減っていくし、フジテレビ以上に大変らしい。

**阿比留**　朝日はまだ大丈夫だと思いますよ。なんせあそこは、不動産会社ですからね。「朝日不動産」っていう社名に変えてもらいたい（笑）。

# 第2章
# マスメディアの正体を暴く

## ●徹底して政治を論じた明治日本の新聞

**高山**　ジャーナリズムは、紀元前1世紀、ジュリアス・シーザーの時代から始まる。新聞というかたちでね。シーザー自身が書いた『ガリア戦記』は、自らが戦争に行って成敗して、勝利を市民に知らせて自分の力を大いに誇示した。その道具が新聞だった。ただ政治話をするだけでなく、ガリアとか異郷にいる野蛮人がどんな奇異な生活や風習を持っているかみたいな読み物も添えた。その意味で今の新聞の原型と本質を持っていると言える。

ジャーナリズムは、最初は、というよりも本来的に国の政治を宣伝する、国策に沿った道具だった。国家権力にもの申すなどと言い出すのはずっと後の後で、ロシアの1912年発刊開始のプラウダや1917年発刊開始のイズベスチアみたいな政府のプロパガンダ紙がそもそものジャーナリズムになるか。プラウダとはロシア語で「真実」という意味だけど、真実なんてどこにもない。スターリンだとかなんだとかが考えた国策、国家の方針を宣伝する機関紙。どんなに経済が苦しくても平気で嘘をつく習近平の人民日報あたりと同じになるか。

日本の場合は、まったく違う。「新聞」は幕末にできた造語で、その中心人物は、士族階級だった。明治維新政府自体、薩長土肥とは言いながら、その実態は、各藩の士族階級が幾人かと長州藩の騎兵隊を中心にした足軽小物の野合の集団だった。結局、足軽小物の部隊が勝って、士族が駆逐される。世にいう秩禄処分で仕事も奪われた。

一方の足軽小者の政府は「渇しても盗泉の水は飲まず」みたいな士族のプライドもない。それこそ汚職三昧。1872年に山城屋事件が起こる。山縣有朋がやった汚職事件だ。1871年には井上聞多（井上馨）の汚職、尾去沢《おさりざわ》銅山事件が起きた。山縣有朋も井上聞多も小者あがり。そういう人間たちが明治維新政府を最終的に握ってしまう。

士族階級は同時に知識階級でもあった。世界でも稀なことに、政権を持っていながら、汚職などは一切ない、清廉潔白を旨とする政治を形成していた。たとえば治水工事も、すべて武士が行っている。17世紀中盤、利根川の流れが東京湾に入っていたのを銚子に向ける瀬替えによる東遷事業も武士階級がやった。西洋の知恵もあれば語学力もあり、すべてに通じていて経世済民といったことに長けた武士階級が、そもそもの明治新政府を形成するはずだった。

1876年に、秩禄処分が出される。武士はすべて失業して無職になった。官僚は誰がやるかということになり、日本で初めての科挙の制度に近い制度ができた。農民の子でも誰でも、東京帝国大学を出れば官僚になれるようになった。

出発点において明治維新政府には、ひとつの大きな目的があった。新しい時代に向かい、五箇条の御誓文を逐次やっていくということだ。「広く会議を興し、万機公論に決すべし」から始まり、広く知識を海外に求め、上下心を一にして、といった具合に5つあり、それらをすべてやっている。ところが、新政府の役職を執った士族ならびに足軽小者が展開したのは、実は、側近政治だった。明治天皇を抱え込んで、側近政治を始めてしまう。

五箇条の第1項は「万機公論に決すべし」だ。つまり民選議員を建て議会政治を起こせということだ。しかし新政府は、一切やらない。

広く知識を海外に求め、ということについては、早々にやった。たとえば鉄道を通したのは明治5年（1872）だ。火力発電を起こしたのは明治20年（1887）、水力発電も明治16年（1883）にはできている。

お雇い外国人を通して、日本人の力だけでやっている。ガス事業は国家事業としては間に合わず、高島易断の祖でもある高島嘉右衛門が自腹でお雇い外国人を呼んで東京ガスを作った。

そういったことはどんどんやっていくが、肝心の、万機公論に決すという、最も大事なことはやらない。まさに17世紀フランス、ルイ13世のリシュリューみたいな側近政治を伊藤博文だとか井上聞多たちがやる。

彼らがやったのは鹿鳴館だ。条約改正のためだとか言うけれども、公費を浪費して自分たちの遊び場を作った。現代で言えば官営のノーパンしゃぶしゃぶになるか。要するに、公費を使って遊び回る。これには明治天皇も、何をやっているんじゃおまえら、と伊藤博文を叱りつけている。

そんな時に、士族階級が新聞を興す。これではいけないと批判した。昔の日本のジャーナリズムには、「記者」と「探訪」の２分野があった。記者は、今の新聞記者の記者。探訪は、探す、尋ねる。今、ルポと訳している分野だ。社会ネタを追いかけるかわら版的なものを探訪と言った。記者は、政治を論じ、外交を論じる。このかたちが、士族階級が興した新聞だった。

明治期の新聞は、徹底して政治論。明治初期、まだ完全に足軽小物が政治を握っていない段階、つまり士族の意図があった頃、新聞社は政治論主体の新聞を出しては、それを地方に運び、新聞講読会を開いた。村単位で、子供まで集めて寄り合いを開く。五箇条の御誓文の中でいちばん先にやるべき「万機公論に決すべし」はなおざりにされて側近政治の回り道をしている、などと土佐の板垣退助なんかがわんわん騒いだ。要するに足軽小物政権からはじき出された者たちが、いわゆる政党政治を叫んで騒ぐ。それでやっと、明治22年（1889）に大日本帝国憲法と衆議院議員選挙法が公布され、翌年に貴族院の互選・勅撰と第一回衆議院選挙が実施されて貴族院衆議院二院制の第一回帝国議会が成立するわけだ。

明治5年に鉄道を走らせていたことを思えば、本当に遅きに失したと言えるでしょう。明治維新から100年はいろいろなステップがあったものの、国会を開くまでの道程は長かった。知識人というか足軽たちなどの攻防というか、すべて内向きだった。たとえば明治14年（1881）にハワイのカラカウア国王が来日して、同盟したい、アメリカの力に屈したくない、武士道にあるものはそれを理解すべきだと言った。しかし、足軽小物は戦争が怖い。武士道をわきまえていないから、カラカウア国王の要請を切ってしまうわけだ。

## ●新聞と政府がちぐはぐな日本の癖

**阿比留**　カラカウア国王は、姪のカイウラニ王女の婿として山階宮《やましなのみや》定麿王（後の東伏見宮依仁《よりひと》親王）を迎えたいと言ったんですね。山階宮様が本当に婿に行っていたら、ハワイは今頃日本だったかもしれません。

**髙山**　滅ぼされつつあるハワイ王朝をなんとかしてくれという話があったとき、日本は丁重に断ってしまった。そのあと、１８８０年代から90年代の始めにかけて、支那が今の習近平以上に圧力をかけてきたが、明治政府はひたすら下手に出た外交を行っている。

史上初めて日本を訪れた外国の国家元首カラカウア

ハワイ王女、カイウラニ

たとえば、明治19年（１８８６）の長崎事件。支那の旗艦・定遠らの水兵が長崎円山町で大暴動を起こして日本人巡査を叩き殺したりした。日本側が悪いというので賠償金をとられている。その後も支那は、日本側が入ってくるなと言うのに、海軍の基地になる江田島あたりにまで、定遠でおしかけてくる。今の尖閣と同じで、来るなというところまで支那は平気で入る。でも、日本は小さくなっていた。

それでもう、耐えに耐えられなくなったという時、1894年に朝鮮で東学党の乱が起こり、日清戦争が始まる。どちらかと言えば、これは日本の士族が中心だった日本軍が仕掛けた。いざ戦端を開いたら日本軍は圧倒的に強かった。しかし、ここにくるまでの、議会を開けろ、鹿鳴館で遊んでいるな、おまえらはこうあるべきだという正論を叩くのが日本の新聞のスタートだった。明治新政府が足軽政権である限り、武士が作った新聞というのは、やはり宿命的に上から目線だったのです。

しかしそれがまた、実は日本に悲劇を呼ぶ。いつのまにか、「日本の政府はダメなんだ」と言って批判することが新聞の姿だと思い込み始める。新聞については明治の遺風が残ってしまったのだ。

いちばん分かりやすいのは、1921年からのワシントン海軍軍縮条約ではないかな。このときの日本全権は、加藤友三郎、幣原喜重郎、徳川家達。アメリカの大統領はウォレン・ハーディング。前任の、第一次大戦を仕切り、パリ講和会議を仕切ったウィドロー・ウィルソンがまだ、日本をやっつけろと言っている最中だった。戦艦の保有比率を英国、米国がそれぞれ5、日本を3にした。日本としては3でもまあいいや、というところがあったけど、アメリカが主張したのは、日英同盟があるんだから英国5足す日本3、すなわちアメリカは8でなければいけない、ということ。それがいやなら日英同盟を解消しろ、というのが、米国の本当の言い分だったわけだ。

むちゃくちゃな話だが、日本側は結局、負ける。この時、アメリカの新聞はすべて自国の国益を考えた論調にきびすを揃えた。ところが日本の新聞は、一斉に日本政府の批判をやったんだよね。普通に考えれば、いま日英同盟を失えば、パリ講和会議でのドイツのように、あきらかに白人クラブから日本は締め出されて孤立する。孤立もいいけれども、日本の国益は白人の意見に押し切られて、かつての三国干渉みたいな格好でぜんぶやられてしまうから日英同盟は切るな、というのが政府側としての常識だ。それを日本の新聞は批判した。日本政府は批判すべき相手という思い込みがあった。そしてなんと米国にくっついて日本の批判をやったのだ。だから最終的に幣原喜重郎、あの無能な人物が日英同盟廃棄をやってしまった。

ワシントン海軍軍縮条約会議の主席随員を務めた加藤寛治が、日本の陣立ての失敗は政府とメディアがばらばらだったことだ、と言っている。世論をリードする立場にある新聞は政府がやることに対して常に批判的であり、国策のいちばん大事なときに、政府の主張と国益のかみ合わせがまったくなっていなかったと嘆いている。

5対3の軍縮などはどうでもよくて、問題は日英同盟だった。当時のアメリカは日本を脅威と見做して支那を巻き込み、ほかの反日白人国家、ロシアやドイツと語らって日本のやることに因縁をつけてきた。あるいはそうした国々が植民地を持つ東南アジアへの日本の進出を拒んだ。そんな中で唯一、日本と戦略パートナーを組んできた英国が日本の孤立を防いできた。英国とは「敵国とか友邦とかは存在しない。あるのは国益だけだ」とパーマストンが言ったようにそういう合理性を貴んだ国だ。その合理性ゆえにアメリカやドイツのような低次元の人種偏見でものを見ない国だった。その英国が緩衝材になってくれていた。

それを日本の国益が分からない白人崇拝者の幣原喜重郎、それに政府は批判するものと思い込んだ日本の新聞記者連中が日英同盟を切るという信じられない大失策をやらかした。

明治の新聞人にあった「政府を上から目線で見る」姿勢はなかなか直らず、それが結局、ワシントン海軍軍縮条約でも裏目に出た。

新聞にとって戦争は部数が稼げる機会というのはアメリカも日本も同じだが、日本の場合、新聞と政府がちぐはぐなまだった。結局はそこにつけこまれた。国際世論に訴えるメディアももたず、世論と新聞が乖離したまま、第二次大戦に入ってしまった。

戦後もまさにその部分をつかれ、マッカーサーにいいようにやられた。日本の新聞のくせに、今に至るまで、日本を批判すること、日本人を貶めることが、自分たちの使命みたいに思っているわけだ。

ワシントン海軍軍縮条約

## ●マスコミが言うことの逆が正解

**阿比留**　安全保障関連法が審議されている頃、外務省の幹部と雑談したときの話です。日本政府は、１９５１年のサンフランシスコ単独講和に始まり、60年安保、周辺事態法、ＰＫＯ法と、朝日新聞の論調の逆をやって全部成功してきた。だから、今回も、安保関連法にこれだけ朝日が反対してくれていて自信がわくね、と言うのです。日本のマスコミ、特に朝日新聞が大声で主張してきたことは全部はずれている。見事にはずしています。それだけは確実に言えますね。

**髙山**　日本の新聞に先に述べたような不幸な生い立ちというものがあったとしても、氏より育ちだ。勉強すればいい。しかしアメリカは、実に精密に日本をハンドリングした。終戦後すぐに、政界、官界、それから学会、プラスしてジャーナリズム界の人間たちをフルブライト・プログラムで、ぽーんと米国留学させた。そして、彼らは完全に親米反日になって帰ってくる。日本の場合、過去を背負っているだけに、その手の感化を受けやすいのでしょう。

**阿比留**　一方、戦前戦中は、たとえば朝日新聞が海軍、毎日新聞が陸軍にべったりくっついている部分がありました。また一方では政府と、新聞統制会などを通じていろいろとつながりがあった。

私の曽祖父はもともと西日本新聞にいて、戦後、フクニチ新聞を作りました。戦時中、曽祖父は新聞統制会の理事をやっていた。新聞のページ数をふやしてもらうために東條英機を金田中という有名な料亭で接待したとか、そういう逸話もあります。その曽祖父の娘婿である祖父から聞いたんですが、敗戦は8月15日ですね。でも、数日前にはそのことを知っていた、分かっていた、聞いていたというのです。つまり、新聞統制会を通じて主要新聞社の幹部はみんなそのことを知っていたはずです。そういう流れも昔はあった。

## ●8月10日時点で敗戦を知っていた東ティモールの日本兵

**髙山**　NHKを退職した人から聞いて、どうしてそれをNHKで番組にしなかったんだ、と驚いた話があります。その人は戦時中、ポルトガル領東ティモールの駐屯部隊にいた。東ティモールは、オーストラリアのすぐ北、ティモール島の東半分を占める。残り半分はオランダ領で蘭領東インド、今のインドネシアの一部をなしていた。

日本との縁は戦前からあった。日本の航空会社が、米英蘭仏が植民地化した東南アジアに乗り入れたいと申し入れたが、同じ黄色いのが飛行機で飛んで来たら植民地人が刺激されてろくなことにならないと拒絶され続けた。唯一、乗り入れを認めたのがこのポルトガル領の植民地、東ティモールだった。

で、大日本航空が97式大艇を飛ばしていた。職員20人も駐屯していた。開戦後すぐに英国とオランダの軍隊が、真珠湾の報復に中立の東ティモールに攻め込み、日本人職員を拘束した。地獄のような監禁状況だった。日本は、アジアでひと通り勝ち戦をすすめ、蘭領東インドを落とした後、ポルトガル政府に邦人救出のための上陸を要請し、了解を得て昭和17年（1942）に攻め込み、英蘭軍とオーストラリア軍を蹴散らした。

そこで変なねじれができた。日本は蘭領東インドを占領した。オランダの植民地だった西ティモールは白人が追い出され、島民は奴隷状態から開放された。重税も消えた。ところが、東ティモールは依然ポルトガルの植民地のまま。塩税とか人頭税とか過酷な税に泣いていた。島民はハーフカスと呼ばれた現地人と白人との混血児が白人にかわって統治していた。

しかしすぐ隣の西ティモールが自由になったのを見て、俺たちも自由になりたいとポルトガル人やハーフカスを襲ったり殺したりした。そこでポルトガル政府は、なんとか治安維持をしてくれと日本軍に頼み、日本軍はそれなら重税はやめろと要求、原住民も大喜びした。

そんなところに、オーストラリアの防諜部隊が侵入してきた。原住民がそれを日本軍に教え、一緒になって敵を包囲しオーストラリア兵と無線機を手に入れた。スパイは即座に死刑が国際ルールだったが、彼らを生かし、その代わり偽の電文を送らせ続けた。日本軍は大部隊で堅固な要塞を築いているとか。諜報員の第２陣の到着もそれで知って原住民と協力してこれも捕まえた。

ときにはタバコだの酒だの食料品も空輸させた。深夜、Ｐ－38ライトニングやＢ－24のオーストラリア軍の飛行機が飛来し、示し合わせた場所に落下傘で物資を投下させた。日本側はマッカーサーの贈り物、とか言ってラッキーストライクやスコッチを堪能したという。東ティモールの守備隊は平和にやっていたそうだ。

終戦間際にはいよいよオーストラリア軍が東ティモールに攻勢をかけると言い出した。で、今は10個師団が待ち構えていると偽電文を送り、結局、オーストラリア軍は侵攻計画を実行しないままで終わった。

そして、８月８日、向こうから「喜べ。いい知らせだ。日本側が降伏した」と無線が入ってきた。今度は守備隊側がびっくりしたけれど、友軍についての消息から、それは覚悟していた。翌日、東ティモール守備隊司令官の名で「これまでの様々な情報とタバコなど、ありがとうまことにありがとう」と返電した。今度は向こうがびっくりして諜報隊員の安否確認と引き渡しを求めてきた。日本の情報戦で一杯食わされたのがよほど恥ずかしかったのか、この件はなかったことにして守備隊からはひとりの戦犯も出さず、全員が無事帰国している。

興味深いのは8月8日の時点で日本は降伏したとオーストラリア軍は言った。それならなぜトルーマンは8月9日に長崎に原爆を落とさせたのか。十分に興味ある疑問だけれど復員したこのＮＨＫ職員はなぜかそれを番組に上げようとしなかった。

山下信一さんという昭和女子大教授を経てもう鬼籍に入った人ですが、それを聞いたら、「いや、ＮＨＫでは日本が悪くないとダメなんです」と話していた。でもこれほど痛快な話は他に聞いたことがなかったね。

## ●実は廃刊していた朝日新聞

**高山**　占領したＧＨＱが最初にやったのは、紙の締め上げだった。一国を植民地にする場合、植民地政府が何をやるかというと、まず紙の統制。たとえばビルマの場合は、紙をすべてキリスト教会が預かる。つまり仏教徒が近づけないところに置く。紙があると、字を書いて通信ができ、密かに計画を練ったりする。紙をもたせないというのは、重要な植民地政策のひとつだった。日本に対してもGHQはそれをやり、新聞の情報量を最小限にしぼって5ページだの10ページだのという発刊は一切やらせない。いわゆるペラの1ページ裏表新聞で、『太平洋戰爭史』のようなGHQが提供する情報を載せる場合に限り見開き2ページになったりする。

前にも言ったが、1945年の9月18日に朝日新聞はGHQから2日間の発行停止を受けた。実は、あれは廃刊だったという話がある。

原爆の非人道性を指摘した鳩山一郎のインタビュー記事、そして、GHQが発表する日本軍のマニラ大虐殺に対して「戦地でこんな話聞いたこともない。こちらも証人を立てて検証すべきだ」と抗議したことが発行停止の理由だった。こんな事実はない、事実であるなら検証せねばいかんと言って関係者が名乗り出るなど、当時、最も正当な対応をしたのが朝日新聞だった。

2日間の発行停止の後、朝日新聞は、GHQに絶対の忠誠を誓った紙面で再登場してきた。それまで戦争は1億人がともに責任を追うべき問題だと言っていたのが、掌を返したように、軍の指導部と政府首脳の責任こそ追及しなければならない、とマッカーサーの主張そのままになる。あれは決して懲罰的な発刊停止などではなかった。

体裁は同じだが廃刊の上、GHQの広報紙新社として再デビューしたと言った方が正しそうだ。

懲罰なら発刊停止が終われば、元のまま。朝日は書き方を変えるだけで、いくらでも批判的なことは書けたし、伝えたいことは伝えられたはずだ。しかし、あの日を境に、朝日新聞の紙面はまったく変わってしまった。

私は廃刊説を信じています。その理由のひとつには、もはや新聞はいらない時代になっていたということがある。日本は4球スーパーという性能のいい真空管ラジオが津々浦々に普及していた。玉音放送だって日本の隅々で聞き取れた。内地の4つの島だけであれば電波でまかなえ、別に反抗的な新聞は必要なかった。すべて反抗するものは切る、とすれば見せしめにもなったはずだ。なのに、GHQは朝日新聞を復刊させてやった。朝日新聞は以後、アメリカの幇間《ほうかん》として生きる道を選んだ。

GHQはなんとも汚い手を使ったものだが、朝日新聞もそれを自覚していたと思う。人間の細胞は自分が欠陥細胞で将来はがん細胞になると自覚したとき、自ら死んでいくという。それはアポトーシスと呼ばれるけれど、朝日新聞も自らのみじめな生き方を知ったのなら、さっさと廃刊してほしかった。

## ●反権力、権力監視は、思考停止のナルシシズム

**阿比留**　マスコミの使命は反権力である、というのは順序が逆です。きわめてステレオタイプに、マスコミの第一の仕事は権力監視だ、と言う人がいますが、そうではない。マスコミの第一の存在意義は、事実を知らせることです。事実を発掘して伝え、広めることです。

事実を伝えるにあたっては権力を監視することにもなるだろうし、反権力的な報道になることもあるでしょう。しかしそれはあくまでも結果あるいは過程であって、目的ではありません。反権力とか権力監視とかいう言葉を第一にもってくる人は、そこで思考停止をしたいのです。思考停止して、権力に逆らっている私ってかっこいい、とか、権力を監視している私は崇高な使命を背負っているのよ、といったナルシシズムに酔っているだけだろうと思います。

けれども、事実を追うということはけっこう難しい。本当のことをいうと、真実という言葉を使うジャーナリストも、私はあまり好きではありません。事実はいくつもある。真実とはその奥にある何かで、おおよそ人間が簡単につかめるものではない。

ましてやスペースに限りのあるマスコミ報道などというのは、あくまでも事実の断面をいくつかの方向からサーチライトで照らすようにして伝えているに過ぎません。だからまず、真実などという言葉は使いたくない。事実の断面を報じているに過ぎない我々は、もっと謙虚にならなければいけないと思っています。

何も考えていない人が権力監視だとか反権力だとか言うのです。権力がいいことをやっているときに反権力をやれば、それは、国民の邪魔になるだけです。

テレビにもよく出ているジャーナリストの青木理《おさむ》さんという共同通信出身の人が、以前、雑誌のコラムか何かに、ジャーナリストは国益を考える必要はない、といったようなことを書いていて、愕然としたことがあります。国益や公益を考えない人が、いったい何のためにジャーナリストになったのでしょう。それでは単なるのぞき見趣味に過ぎない。

世の中の役に立ちたいというのは、国益のために役に立ちたいということです。世の中の何らかの役に立ちたいと思ってジャーナリストになったのであれば、当然、国益も重視しなければいけません。最大多数の最大幸福を考えるべきです。反権力や権力監視が先に立つ人は、いろいろな意味で何も考えていない人なのかな、と思います。

## ●ジャーナリストは人を監視する特権階級だと思い込むバカ

**髙山**　反権力なんて、少なくとも戦前の新聞にはそんな考え方はなかったと思うね。反権力などという発想はなかったし、言葉さえなかったと思う。その生い立ちは悪文で知られるマッカーサー憲法の前文じゃないか。

政府が再び戦争の災禍を招かないよう監視しよう、それが国民の義務だ、みたいなことが書いてある。国民と国家を敵対関係においている。国家とは放っておくと戦争をしたがるからウォッチしなければいけない。ウォッチする役目は新聞にあるというふうに刷り込みを行っている。

**阿比留**　実際は逆なんですね。たとえば対米開戦した東條英機内閣ですが、別に東條は米国と戦争をしたかったわけではない。朝日新聞などに煽られた国民から、早くやれ早くやれと、ものすごい数の手紙が届いたという話を聞きました。むしろ新聞は戦争を煽ったわけです。

**髙山**　戦後、ＧＨＱにへつらう朝日新聞が何をやったかというと、我々は第四の権力だと言った。それをふたたび宣言したのが、２００７年、船橋洋一氏が朝日新聞の主筆になったときに言った「ジャーナリズム再興」だ。暴力装置をもった権力が、人の懐に勝手に手を差し込んだり、ふたたび戦争を始めようとしたり、そういうことをしないように監視するのが我々のいちばんの仕事だと船橋氏は書いている。まさにその通り、我々が反権力であり、反権力が我々の使命だということを、朝日新聞の一面トップで表明した。

**阿比留**　マスコミがなぜ第四の権力と呼ばれているのか、その意味をよく分かっていないと思うんですね。第四の権力は時としていちばん強いかもしれない。ということは、その権力を監視するのは誰であるのか。もし、その第四の権力と呼ばれる権力が反権力でなければいけない、権力を監視しなければいけないというものならば、当然、マスメディアを監視するアンチマスメディアの機関が必要になります。そんなものを船橋洋一氏は求めていなくて、むしろインターネットが現在、その役割を果たそうとしていることに非常に否定的になっている。インターネットを敵視しているわけです。自分たちは、決して監視されることのない、人を監視する特権階級だということを言っている。裸の王様だと思います。

高山さんがさっきおっしゃった憲法前文は天動説ですね。世界は日本を中心に回っている。だから、日本さえ悪いことをしなければ世界は平和だという話です。

**髙山**　もっとひどくてね、日本民族はキチガイなんだということです。キチガイに刃物をもたせると何をやるか分からない。暴力装置をもったキチガイがいるから徹底的にウォッチしなければいけない。あの批判的な言い方は、天動説ではなくて、キチガイだから武器をもたせるな、という主張なんだね。支那朝鮮が、日本再軍備だとか自衛隊の物品購入について言わんとしているのは、日本が武器をもったらまた侵略してくる、という言い方に過ぎない。

**阿比留**　最近はすたれましたけど一時期、国会でよく国連中心主義という言葉が使われました。小沢一郎さんとか当時の自由党幹事長だった藤井裕久さんなんかがよく言っていた。藤井さんは、日本より国連のほうがよほど信用できるとも言っていた。これが、ある時代のある人々に染み付いた考えです。日本に対して徹底的な不信感をもち、さて現実問題としてどうするかというときには国連を信仰するという、これは倒錯以外の何ものでもありません。しかし、そういった考えを一定の人たちがしてきたのは事実です。田原総一朗氏なんかも、そういうことを言っていましたね。

## ●田原総一朗という倒錯

**髙山**　俺は３人の首相の首を獲った、と田原総一朗は言った。彼は暴力装置をもった政府より強い。首相ごときは簡単に彼の言論でクビを飛ばせると言っている。そうすると田原総一朗こそ最大の権力者ということになってしまう。

**阿比留**　暴走というか、吐き続けられるでたらめな言動。誰が田原さんを監視して、誰が田原さんを止めるのかという話です。３人の首相を退陣させたと誇る最高権力者、田原さんを誰が監視するのか。それとも第四の権力であるジャーナリズムは例外だとでも言うのか。

**髙山**　彼は11歳くらいの時に、滋賀県の彦根で終戦を迎えている。私は静岡県の三島に疎開していて、３歳くらいのときに沼津の大火を見ています。沼津の89・5パーセントを焼き尽くした。空が真っ赤に燃え立つ情景が今でも記憶にある。同じとき田原総一朗は11歳だった。小学校の高学年。その頃のことを政治評論家の屋山太郎もどこかで書いていたけれども、11歳にもなればけっこういろいろなことを覚えているものだ。彦根のことをちょっと調べたことがあった。彦根城は昔の儘に残って今は国宝だけれど、それは空襲がなかったからだ。あの城は大阪や名古屋を空襲するときの飛行ルートの目安になっていたという証言もある。ところが終戦直前に1回だけB－29の爆弾が落ちて、10何人かが死んでいる。

それはB－29が名古屋を爆撃しての帰り道にまだ爆弾を抱えていた1機が帰投する前に残った爆弾を落とそうと思い、この際、彦根城をやっちまおうと編隊をはずれてやってきた。あわやというとき1機の戦闘機が駆け上がってきて彦根上空でB－29に体当たりした。B－29はよろけて何発かの爆弾が零れ落ちたと彦根の郷土史にあった。

田原総一朗は、あの頃は軍国少年だったと言っていた。11歳で彦根にいたら、その模様を固唾を飲んで見守っていたはずだ。あるいは誰かから聞いているはずだ。軍国少年だったら彦根城を守った体当たり機は印象深いものだったはずだ。しかし彼はそのことは一切話さず、大人の言うことは信用できない、価値観が逆転したとかカビが生えたような戦前派の言い訳を繰り返してきた。

彼は最初、岩波映画製作所に入った。その後は東京12チャンネル（現在のテレビ東京）に入って、裸の結婚式とか、人間のクズカスみたいなことばかりやっていた。今では左翼論壇をひとりでしょって立っているようだけれど、思考の奥行きのなさがどうしても目に付く。あれはまさにテレビを使った魔術師、奇術師のひとりだね。

渡辺惣樹訳のフーヴァー回想録（『裏切られた自由（上・下）』：フーバー大統領が語る第二次世界大戦の隠された歴史とその後遺症』）は読むのがめちゃくちゃ大変だった。驚いたのは、フーヴァーの対日意識というものがあまりにも低いこと。まったくと言っていいほど日本について知らない。それはともかく、このフーヴァー回想録を読んだ田原総一朗の感想に呆れた。

ルーズヴェルトがいろいろ日本に戦争を仕掛けさせたというフーヴァーの主張を一言、あれは嘘だ、と決めつける。その根拠は田原が尊敬する坂野潤治東大名誉教授が日米戦争の原因は日本が支那に侵攻した結果だと言っているから。だからフーヴァーは間違っているのだという。

しかし坂野は日支戦争の根源にアメリカが深く絡み、米国留学生上がりとポール・ラインシュなど米外交官、さらにアメリカの宣教師たちが関与していることも指摘していない。ましてアメリカ広報委員会（ＣＰＩ）の存在にも言及していない。ただ、日本が「蔣介石を相手にせず」と言ったことが大問題だという。いわゆる戦後史観、日本は侵略国家という大前提がどうしてもくずせない。それでアメリカの経済制裁を受けて真珠湾を攻めたという展開を心から信じている。今どきの小学生だって納得しない話だよ。ただフーヴァーの言い分を否定しきる蛮勇と無知だけは称賛できるけど。

こういう単純な東京裁判史観に乗って国家権力なり歴史なりを論ずるのがひとつのパターンになっている。軽薄でも不勉強でも批判できる。それが日本ジャーナリズムの悲しいほどの底の浅さを露呈している。

## ●同じことの繰り返しが現在のジャーナリズム

**阿比留**　20世紀アメリカのウォルター・リップマンという有名なジャーナリストが、ジャーナリズムのやるべきことはステレオタイプの打破である、という趣旨のことを書いています。ところが、現在の状況を見ている限り、ステレオタイプを助長することしかやっていないんですね。

**髙山**　同じ主張の繰り返しだ。

**阿比留**　歴史問題でもそうだし森友・加計騒動でもそうだし、右向け右、左向け左。産経新聞は多少違う角度をとっていますけれども、同じことしかやりません。権力の監視と言ったところで、では全員がいっせいに権力の監視をしてどうするんだという話です。反権力と言ったって、全部が反権力になって何の意味があるのか。しかも、自分たちこそが権力であることには目を向けないときています。「天声人語」をはじめ朝日新聞のコラムを書くのは楽だと思いますよ。森羅万象、すべて安倍政権が悪いと言っておけばいいんですから。雨がふった。安倍のせいだ。ぬかるみに足をとられてころんだ。安倍が悪い。今朝はなにかむしゃくしゃする。安倍の悪政だ。

**髙山**　2018年5月3日、憲法記念日の朝日新聞の社説もおもしろかった。どうして、「安倍政権での」改憲という言い方をするのか。憲法を改正するかどうかというのは、安倍政権は関係ない。《憲法施行から70年の節目にあったこの1年で、はっきりしたことがある。それは、安倍政権が憲法改正を進める土台は崩れた、ということだ》と書いていて、つまり「安倍政権での」改憲はだめだと言っている。どうあっても安倍政権に改憲をやらせたくない。憲法というものを考えようとしているときに、まず安倍政権ではだめだ、というところから始めるんだね。

**阿比留**　憲法を属人主義でからめとっているんですね。意味が分かりません。

**髙山**　この社説の事前に、5月1日付で「安倍政権下の改憲『反対』58％　朝日世論調査」という記事を載せている。これもよく分からない記事だけれども、全国世論調査を郵送でやったとしている。調査の詳しい方法は、記事にはあまり出てこない。

普通は電話でやる、携帯電話が主流になって捕捉率が非常に低くなっているという問題はあるにしても。郵送というのは新しい手段だと思う。そして、郵送には宛名が必要だということに注意したい。つまり、どちらかといえば朝日新聞に投稿するような特定の人たちに対してでなければ郵送のしようがないということじゃないか。おそらくは朝日新聞シンパに対して、販売店にある、朝日新聞をとっている人のデータ、購読者調査の情報を使って郵送したのだろうと邪推したくなる。

安倍首相だけをたたけばいい
簡単なお仕事

**阿比留**　ちなみに世論調査で安倍政権の支持率がいちばん低く出たのは日本テレビの世論調査です。はっきりとした理由があります。かつては日本テレビの調査は対象が固定電話だけだったのです。今は固定と携帯と両方の電話を対象にするのが普通です。

だから永田町では、日本テレビの世論調査はあまり相手にされてきませんでした。家にいる人つまり固定電話に出る人は、TVに流されやすい主婦か、60代70代以降の学生運動を知るアンチ安倍の多い世代ですから、あてにはならないとしているわけです。

世論調査は、トレンドを見る上では意味があります。3社が同じ内容の調査をしたとして、高いと出ても低いと出ても、それは全体の傾向を表しています。支持率38だとか32だとか、具体的な数字自体にそれほど意味はありません。サンプルが偏っているし、分母数も少ないですからね。

## ●ズレている、ジャーナリストたちの「権力監視」

**阿比留**　海外のジャーナリストは、権力の監視が第一の使命であるといった意識はもっていないと思います。宮家邦彦さんという元外務省の外交評論家の方が2016年4月14日付の産経新聞に寄稿した、「朝日の『反権力』論に違和感　パナマ文書を暴いたICIJから見えるジャーナリズムの本質」というタイトルのコラムがあります。権力の監視という言葉を、鳥越俊太郎とか、毎日新聞の論説主幹だった方だとか、いろいろな人間がさかんに叫んでいた時期でした。

宮家さんは知り合いの外国人記者たちに、権力の監視ということについて質問したのだそうです。《「権力の監視」説は少数派で、多くは「事実を可能な限り客観的に伝えること」だった。要するにジャーナリズムの任務は、相手が権力であれ非権力であれ、自らが事実だと信ずることを人々に伝えることが第一であり、「権力の監視」はその結果でしかないということだろう》と書いています。

**髙山**　政治記者は政治記者の仕事として国家国策を見る。たいへん結構なことだ。しかし、東京新聞の望月衣塑子《いそこ》のように社会部までが権力の監視などと言い出すのはちょっと信じがたい。

**阿比留**　しかも、彼らの言う権力監視はズレているのです。私も社会部に5年3カ月いましたけれども、検察・警察を監視し、批判するかと言えばそれはあまりしないものです。貴重な情報源であり、仲間だからです。

たとえば２０１８年3月に発覚した財務省の文書改ざん問題は大阪地検のリークだとされています。大阪地検がリークしたとして、対立構造が地検対官邸だった場合にどうするのか。官邸は権力です。検察というのも大権力です。司法対行政・政治という対立において、では司法は必ず善で、行政・政治は必ず悪なのか。権力の監視にはなっていないのです。

**高山**　筋道も通らない。1970年代に田中角栄の金脈問題を書いた立花隆をどう見るのかということがある。立花隆は地検特捜と一体になって、角栄を指弾した。

テレビで特集も組まれていた。検察とはいちばんの権力だぞ、と私は思った。現に、大阪地検特捜部主任検事

いまなお人気の高い、田中角栄

が証拠を改ざんして逮捕した2009年の村木厚子さん（当時、厚生労働省社会・援護局障害保健福祉部企画課長）のケースもある。立花隆は、どう線引きをしたのか。検察を勝手に正義の権力と見做し、角栄は悪の権力であると、どこで選別したのか。私は新聞記者として、ものすごい違和感があったね。
**阿比留**　マスコミはもっと司法と戦わなければいけないと思います。しかしマスコミは、検察は善であって、裁判所の判決は、それがいかにおかしい判決であっても尊重しなければいけないという前提に立っている。法治国家だから、いったん出た判決は確かに尊重しなければいけません。しかし、その判決が正しいかどうかは検証していいんです。後になってから、あの判決は間違いでしたというケースはいくらでもあり

ます。しかし、司法の判断は絶対であるとしがちです。権力の監視など、まるでできていないことの証拠です。権力の監視自体が恣意的。今は主に政治にしか向けられておらず、政治の中でも安倍政権にしか向けられていないといった調子です。野党の不祥事はろくに報じられません。

**髙山**　角栄の時と状況は同じだと思う。石原慎太郎が『天才』（幻冬舎）という田中角栄を評価する本を２０１６年に出して話題になった。私は事件当時から角栄無罪論だった。検察の理論構築は間違っていたし、だいたい、ちゃんとした主権国家であるはずの日本が、反対尋問もしない、アメリカでの嘱託尋問を証拠とする宣明書を出すなどとは国家主権の放棄だし、司法の植民地化だ。まるでアメリカの植民地気分だよ。そういったことを慎太郎の本で再検証する動きが出てきたと思ったら、ＮＨＫが２０１６年に『ＮＨＫスペシャル　未解決事件』でロッキード事件を放送した。吉永祐介はじめ当時の地検特捜を、角栄を落としたヒーローにしていた。

吉永は会見で嘱託尋問に反対尋問なしでどうして証拠になりうるのか聞かれて「アメリカ人は聖書に誓って証言する。だから嘘は言わない」と真顔で言った。「じゃあなんでアメリカに偽証罪があるのか」そういう質問をした記者には「お前の社はもう会見に入れない」と制裁する。習近平と同じ言論封殺をやった男だ。

NHKはそんな男をヒーローにして、角栄は悪者という構図をひたすらなぞる。そういう疑問を立花隆は一切口にせず、地検特捜万歳とやっていた。

## ●なんと一面トップに『噂の真相』

**阿比留**　新聞や雑誌が司法に真正面から戦いを挑んだ試しはありません。しかし、個人に対してはやります。たとえば、朝日新聞が1999年の4月9日付朝刊のトップで、「東京高検則定検事長に『女性問題』、最高検、異例の調査へ　進退問題に発展も」という見出しを立てた。そもそも、ただの女性問題を一面トップにするのも異例ですが、さらには本文がこういう出だしです。《則定衛東京高検検事長（60）が銀座の元ホステスと親密な交際をしていたとの記事を、9日発売の月刊誌「噂の真相」が掲載した》。

つまり、裏付けも何もとらずに、『噂の真相』という、当時はまだ存在していた危ない雑誌の記事内容をそのまま引用しただけで一面トップにしている。則定検事長と朝日新聞の間にどんな確執があったのかは分かりません。揉めて敵対している相手をやっつけようというとき、この人たちは何でもやるのです。明らかに誤っている新聞権力の行使です。こんなことが許されるのなら、もう何でもアリです。

**髙山**　ここ1、2年、またそれをやっている。「週刊文春によると」ですね。あれは新聞としてやってはいけない。

**阿比留**　当時、私は官邸クラブに行っていました。朝日ってほんと新聞じゃないよね、という話を他社の記者としました。ひどいものです。

**髙山**　『噂の真相』は2004年に休刊したが、岡留安則という人物が創刊した月刊誌だ。岡留はまだぴんぴんしていると思う。70年安保のあとだったと思うが、私は一度『噂の真相』に書かれたことがある。「スチュワーデス専科記者」とか変な命名をされて、日航と通じていると中傷された。確かに当時、ストッキングをもう5足よこせなどと言ってストを打つ日航スチュワーデス組合の実態を何度か書いた。それにしてもひどい決めつけで頭にきて岡留のところに行った。

そんなことがきっかけで付き合いがあった。ときどき、電話があっていま銀座にいるんだけど来ないかとか。行ってみてびっくりしたのは彼が来るとホステスが向こうから集まってくる。それでいろいろな裏情報を彼に垂れ込む。聞いていてびっくりするような人物の名がぼこぼこ出てきていた。そんな話が『噂の真相』のページ欄外の1行情報になる。彼は4、5軒回って銀座が終わると次は新宿へ行く。

あの人気ぶりと顔の広さ、信頼の高さにはほんとに驚かされた。新聞記者だったら超一流の特ダネ記者になっていたと思う。そういう背景があって集めた情報の中に珠玉のネタがある。朝日新聞はそれをただ拝借して取材もしないで「『噂の真相』によると」などとやる。これはもう新聞ではないね。

## ●めちゃくちゃに楽ちんな「反権力」

**阿比留**　反権力、というのは実はめちゃくちゃに楽です。なぜなら、取材しなくていいからです。たとえば、東京新聞です。2012年、安倍さんが二度目の自民党総裁選で勝って総理まちがいなしという時期に、当時編集局長を務めていた菅沼堅吾という人が政治部記者を集め、安倍なんか取材しなくていいからとにかく叩け、という指示をしています。私はこれを、東京新聞の記者から聞きました。同時期に同僚の女性記者も別の東京新聞記者から同じことを聞いているから間違いないでしょう。この話を私はテレビでしたこともありましたが、東京新聞のある記者がＳＮＳで、俺は聞いていないとか反論していました。あなたは政治部所属ではないだろう、あなたが聞いていないだけだろう、と思いましたね。

これは楽な話でしょう。安倍さんも安倍さんの周辺もその目的も意図も、社命として何も取材しなくていいんです。ただ現象面のみ見て、安倍が悪いと書けばいい。これで、反権力。楽ですよね。権力の監視、権力批判という美名の下に隠れながら、無責任なことを言い続けられるというわけです。

対象がスポーツ選手であれば活躍したスポーツ選手を誉め讃えても誰も文句は言いません。しかし、政治家をがんばった、と書いたら、おべっかだ、ちょうちんだ、と必ず言われる。一方、批判している分には、権力と戦っている、というふうになる。記者というのは、批判している方が楽なんですよ。

テレビも同じくです。はっきり言って、マスコミの中ではワイドショーがいちばん影響力が強いと思いますね。主婦層や女性層において安倍政権の支持が低いなどというのは、その露骨な反映です。ワイドショーは、あきらかに視聴者を馬鹿にして作っているとしか思えない。政治のせの字も知らない素人コメンテーターが、何でもかんでも好き勝手なことを言い、えらそうな顔をしてふんぞりかえっているのがワイドショーです。

## ●ワイドショーという深刻な問題

**髙山**　ワイドショーはニュースが何かを知っている報道局では作らない。だいたい社会情報局とか芸能局が作る。

芸能記事とニュース記事は、報道局が撮った映像をまわすだけ。あとはちょっと知られた顔を並べて出演料を払えばいい。人気俳優を並べ、ロケしてスタジオで特撮して2時間のドラマを作るのに比べれば実に低コストで済む。

今、たとえばTBSの番組表を見ると、午前5時半くらいからもうワイドショーが始まり、「ビビット」につなぎ昼時に「ひるおび！」をやって、「ゴゴスマ」から夕方のニュース番組風ワイドショーの「Nスタ」と続く。夜の7時くらいにやっと普通の番組に戻る。これはもう極限の経費削減、広告料稼ぎと言っていい。

**阿比留**　テレビ局にとって報道の部署は、取材費だなんだとただ経費がかかるだけで金を産まない部署です。一方、芸能関係をやれば視聴率が取れて金が稼げる。だから、報道局というのはぜんぜん力がないんですね。

**髙山**　私は、１年間、フジテレビのワイドショーに出たことがある。朝、ちゃんと迎えの車が来る。手順で言うとテレビ局に行って打ち合わせ会議に出る。メインキャスターにサブにコメンテーターにゲストが顔を並べ、今日は何をテーマにどういうやり取りをし、誰がどうコメントするかも決める。それで本番に入る。

私は事件ニュースの担当だから、この打ち合わせには出ないで済んだけれど控室には、今日の放送のための資料が揃っている。芸能関係はサンケイスポーツなど各種スポーツ芸能紙の記事を使うのに、ニュース関係はほぼ朝日新聞だ。フジテレビなのに産経新聞ではなくて朝日新聞。これはテレ朝やＮＨＫに行ったときも同じだった。

いわゆる「安倍おろし」のあった２００７年の10月、朝日新聞のオピニオン面で筑紫哲也と当時の論説主幹・若宮啓文《よしぶみ》の対談を見開きでやっていた。その中で２人は、新聞がテレビの指針を決めてきたふうなことを言っていた。曰く、朝日新聞の部数が減っても固定読者がいればいい。ワイドショーのコメンテーターも固定読者で彼らがその主張をテレビで拡散してくれる。朝日新聞の社説はワイドショーを通して日本中に流れるのだ。それで日本人の世論を操作できるのだみたいなことを偉そうに言っていた。

**阿比留**　最近、少しは変わってきたと思います。当時はテレビ局の朝日新聞信仰が強かったのでしょう。

**髙山**　テレ朝と朝日新聞は幼稚さで似ている。1993年にテレ朝の報道局長、椿貞良がいわゆる椿事件を起こした。椿貞良は民放連の会合で、「なにがなんでも自民政権を倒そう。反自民の連立政権を成立させる手助けになるような報道をしよう」と発言した。反政府が報道だと思い込んでいる。別に確固たる信念があったわけではなく、そういうのがかっこいい報道だと思っているところに軽薄さがにじみ出ている。それは親元だと思っていた朝日の主張を受け売りすれば済む。そういうイージーさにつながっていた。朝日新聞もそれをいいことにテレ朝を天下り先にしていたけれど、最近はそうではなくなった。反権力と言えば番組ができるとテレ朝は考え、それなら別に朝日からの天下りもいらない、ノウハウは分かった、あとは俺がひとりでできると思い込んでいるのじゃないか。

テレビ朝日は、もはや朝日新聞にかしづく必要はないということで、今は朝日新聞から独立して好きなように報道を始めた。手綱が切れて単なる暴走を始めた。朝日新聞が手綱を握っていれば、そこまではやらないというようなことを平気でやり始めた。2018年4月に起こった、テレビ朝日女性記者に対する財務省福田淳一次官のセクハラ発言の一件などはその典型だ。

テレ朝は意気揚々と深夜の記者会見まで開いて見え透いた言い訳して、結果、福田次官は辞任した。朝日新聞がかかわっていたら注意して止めただろうに。財務省に歯向かうと、どうなるか。財務省が国税庁を持っていることを失念している。

## ●国税庁を持つ財務省の怖さ

**髙山**　財務省の怖さが分かるいちばん有名な事件は、1980年代に始まるグリーンカードの一件だ。当時は大蔵省だった。グリーンカードというのは、今で言うマイナンバーカードだね。1980年に法律が成立して、後は施行細則を作るだけ。東京近郊に施設ができ、職員も配置して、実施を待つばかりだった。それを自民党がずるずると引き延ばした。

幹事長だった金丸信が引き延ばし、施行細則を作らないまま、ついに85年に廃案にしてしまった。そのための施設も建設し、人員も配備していたのに5年間もて遊ばれたあげくに廃案にされた大蔵省のショック、というよりも被害は相当なものだった。

そして1992年に東京佐川急便事件が起きる。佐川急便からの5億円の寄付金の無申告がバレて、金丸一派は逮捕も何もないけれども罰金刑を受けた。しかしそれは、ほんの前触れ。翌年、93年の3月に脱税容疑で金丸信は逮捕された。国税庁が地検に告発したわけだ。そして、金丸信の自宅から金塊がぼろぼろ出てきて大騒ぎになった。

**阿比留**　最強の捜査官庁は地検ではなくて国税庁なんですね。新聞社も定期的に経費の検査とかに入られます。財務省として気に入らないことがあれば、優先的にいじられるという噂がある。

**髙山**　金丸が、罰金をくらった翌年に出した申告が、納付税額が20数万になる内容だった。いくらなんでも少なすぎる。夫人が亡くなったばかりで相続した有価証券があるはず、それだけでもあやしくて脱税行為ははっきりしている。少しなめてるんじゃないか、という話になった。国税庁長官がひとこと、ではやりましょう、と言った。即座に証拠を調べ上げ、地検特捜に告発して、ぼんと逮捕。またたくまです。金丸信はグリーンカードを潰した。大蔵省の顔にドロを塗るどころではないことをやったわけで、その報復です。

## ●要件を無視して騒がれるセクハラ

**髙山**　テレビ朝日の女性記者セクハラ事件を見ると、セクハラセクハラと騒いでいるけれども、セクハラの要件を一切満たしていない。セクハラというのは「職場環境の汚染」なんです。１９９９年に私が書いた『弁護士が怖い！――日本企業がはまった「米国式かつあげ」』（文藝春秋）にも出てきますが、セクハラには、職場環境で上司が部下に、などといったいくつかの要件がある。

この件の場合、テレビ朝日が接待の目的で、テレビ朝日の金を使って呼んでいる。財務省は今、ノーパンしゃぶしゃぶの一件がたたって、好きに車も使えない。まして自腹で酒を飲むとか、相手を接待するなど役人は頭から考えていない。そういう状況に付け込んで、テレ朝あたりはきれいな女性記者を出し、経費で接待させて情報を集めていた。

そういう状況だから福田事務次官は客、ゲストだ。接待主と客ということになれば立場はまったく逆。卑猥なことを言おうが言わまいが、この件のどこにセクハラの要件、要するに職場環境の悪化があるのかということだ。

**阿比留**　定義によってはそういう捉え方もできますよね。

**髙山**　もともと成立しないんです。法律からしても問題ないのに、セクハラであると騒ぎ立てて深夜なんかに記者会見をやった。財務省事務次官の首をとっておいて、追加の抗議もくそもない。森友学園問題で国税庁長官の首が獲られたという時期に、テレビ朝日はヌケヌケとこんな真似をした。テレビ朝日はいつか金丸みたいにやられる。財務省にとってこんな屈辱はないし、執念深い役所だしね。

**阿比留**　違う観点からも言いますとね、マスコミの姿勢として、接待が嫌ならやらなければいいだけの話なんです。山崎拓という、2003年に東京地裁が変態であると信じるに足る相応の理由があると認定した政治家がいましたね。私は山拓番を1カ月だけやったことがありますが、民放テレビ局の山拓番は確か全員女性でしたよ。しかも、そのうちのひとりは、山崎拓と深い関係にあるという噂をたてられていました。民放テレビ局は、すけべで女好きな政治家に、わざと若い女性をあててきたんです。

それで一方的にセクハラというのは違うんじゃないか。ネタをとりやすいと思ってそうしているのであれば、お互い様でしょう。

**髙山**　報道関係には、男女の仲なんてものはあって当然みたいなところがある。取材される側にもある。前に出たニューヨーク・ヘラルドのウィリアム・ドナルドなどは宋美齢とずっと関係していながら、西安事件が起きた時、いのいちばんに宋美齢を連れて駆けつけている。監禁されていた蔣介石はコキュだ。間男のドナルドが、女房を寝取られた蔣介石を助けに行った。それが西安事件。そんなことにいちいち目くじらをたてていたら、新聞記者なんてものは務まらない。

**阿比留**　世の中、建前も必要ですけれども、きれいごとばかりを言われるとちょっとな、と思いますね。１９９４年の出版ですけれども、元毎日新聞記者の岩本宣明という人が書いた『新聞の作り方』（社会評論社）という小説があります。女性記者がおまわりさんと寝るのは当然、最後は、社会部長が紙面を埋めるためだといって放火しまくるという、そういうストーリーです。今は昔ほどめちゃくちゃではないと思いますけれども、確かにそういう部分はあったと思います。

**髙山**　昔のことを考えると隔世の感がある。半鐘の音がジャンと鳴ったら飛び出していく。要するに、火事ひとつでも大事件だった。殺しがあった日には、みんながウキウキする。社会部デスクの中には被害者の数が少ないと文句を言ったりする人もいた。

**阿比留**　時代の変化だから、それはそれでいいんです。けれどもやはり、ちょっと建前を言い過ぎだな、いい子ぶっていて何だかな、という気はしますね。

## ●ポリティカル・コレクトネスという空気

**髙山**　新聞が建前に走り始めたのは1958年、昭和33年の売春防止法の適用（施行は1957年）からだね。落語にしろ浄瑠璃にしろ小説にしろ何にしろ、郭というものは恥部ではあるかもしれないけれども、もはや文化だった。市川房枝だとか女性運動家といった人々も出て、女に春をひさがせるなど許せないと建前を前面に出して、売春防止法を成立させた。あそこから本音が引っ込んで建前ばかりが表に出てくるようになった。弱者救済とか。日中友好、韓国人はいい人とか。本音がどこにも出せなくなった。

そんな韓国人や中国人がどんどん日本に来る。彼らは来た途端に生活保護法を申請する。貧しい人にはいたわりを、と言うけれども、国家はまず自国民保護からだろう。

建前ばかり先行させ、日本人がそれこそ汗水たらして築き上げた社会保険費にも彼らはずかずか入り込む。出稼ぎにきた中国人の四川かどこかにいる留守家族を呼び寄せて高額医療を受けさせる。

**阿比留**　ポリティカル・コレクトネスで日本が滅びるんですね。

**高山**　アメリカもほとんど同じ道を歩んでいた。というかポリコレが進みすぎてキリスト教の強制はダメ、英語を無理強いするのもダメみたいな極端な状況も生まれてきた。トランプが出たのは、そういう「どこかおかしくありませんか」という国民の喘ぎが頂点に達しようとしていた時期だった。大統領選の投票が始まるほんの少し前にジョージタウン大学で事件があった。ジョージタウン大学は、イエズス会。カトリックが創った大学で、その運営費はイエズス会がメリーランド州にもっていた奴隷農場の上がりだった。ところがそれでも金が足りなくなって１８３０年代にそこの奴隷２７２人をルイジアナに売り飛ばしたという証文が出てきた。売られた人が20世紀ぎりぎりまで生き延びていて、談話も写

トランプの登場はアメリカ社会の矛盾と無関係ではない

真も残っていた。大学としてのモラルが問われ、ジョージタウン大学の学長は、その272人の奴隷の末裔をジョージタウン大学に優先的に入れる、と言い出した。

奴隷は米国がしょった重荷だけれど、そんな昔のことをまるで昨日今日の出来事のように騒ぎ、その責任を取らせる。該当する黒人の末裔の数は200年の間にどれほど増えたか、おそらくは万単位になる。名門ジョージタウン大学は彼らに占領されるじゃないか。いつまでこんな意味のないポリティカル・コレクトネスを流行らせるんだという雰囲気が、大統領選の直前に広がった。

あれが、トランプ当選にかなり影響したと思う。他の要因ももちろんあるけれどトランプは、そういう建前とは正反対のところにいる。それが評価されたのは間違いない。

**阿比留**　山本七平さんが著書『空気の研究』(文藝春秋　1977年)の中で、日本がふたたび滅びの道を歩む時はやはり理屈も何もないが誰も逆らえない「空気」に従ってそうなるのだろう、というようなことを言っています。ポリティカル・コレクトネスも空気みたいなものです。逆らえないと思い込まされている。

ちなみに、テレビは偽善者ぶるのが上手いメディアです。それには具体的な理由があります。テレビにおいては、過去にどんな報道をしてきたかという資料が残りません。

新聞であれば、たとえば朝日新聞が吉田清治の証言を少なくとも18回掲載したということは記録ですぐに分かります。テレビも吉田清治の嘘話を相当回数取り上げているのですが、記録がないし、映像アーカイブもほとんど残っていない。あったとしても公開していません。検証できないから、テレビは知らんぷりできるのです。Youtubeなどネットの動画サービスのおかげで、現在、多少それは難しくなってきていますけれども、ぜんぜん完全ではない。テレビは、過去に犯してきた失敗に口をつぐんで、きれいな顔しているわけです。

**髙山**　ＴＢＳの「サンデーモーニング」で誰がどう言ったとか、確かにネットにはっきりと残されているね。そういう意味では、ある程度活用できる。時代もずいぶん変わった。

## ●左翼論壇トップのバカさ加減

**髙山**　左の方、左翼論壇のトップというか一翼を担っている、そういういう人間たちは、実に知恵が浅い。青木理という人はそのひとりでしょう。

**阿比留**　青木さんもそうですが、たとえば精神科医の香山リカ氏、ああいった左翼の側で論陣を張っている人たちは、まったく進歩していないのではないかと疑いたくなります。というか、物知らず。社会常識がないというか、人間とは何か、人間性というものを考えたことがない。本当に浅い。いわゆる左翼はもともと浅いのか、そうではなくて劣化しているだけなのか、私には分かりませんけれども。

**髙山**　劣化です。私は一度、やられたことがある。青木理は『月刊日本』（K＆Kプレス）にページを持っている。『月刊日本』は一切原稿料なしの雑誌です。私が『週刊新潮』に書いた記事について、まったくの嘘だとそこに書いてきた。

２０１５年、『週刊新潮』のコラム「変幻自在」で私はこういうことを書いた。文藝春秋の元編集長・堤堯《ぎょう》と高野山へ行った。以前に高野山大学で教鞭を執ったことがある東洋学者の加地伸行さんに案内していただくという豪華な旅だった。その夜は加地さんの教え子が経営しているという高野山では１位、２位の宿坊に泊まった。囲碁の名人戦にも使われたという大広間がいくつもある素晴らしい宿です。

宿坊の主夫妻と雑談していて、そういえば高野山にも最近は外人観光客が増えたという話になった。すると奥さんが急に涙ぐんでうつむいてしまった。尋ねると、うちはもう韓国人・中国人は入れないんです、と言う。

あるとき中国人の団体客を受け入れた。大広間に宿泊させ、翌朝、彼らが出た後、片付けに行ったら、なんと布団の上に大小便がしてあった。トイレの中も通路の壁も人糞がなすりつけてある。布団はすべて焼却して、畳も入れ替え、壁もすべて塗り直した。たいへんな損害だったけれど、こんな感覚の人間がまだいることに驚いた。以降、外国人、特に中国人はもう絶対に入れない、と話してくれた。

この汚し様は、実は遠藤誉の『卡子（チャーズ）出口なき大地』（読売新聞社１９８４年）にも出てくる。満洲に生まれて戦後もしばらく中国で暮らした遠藤さんの自叙伝で、山崎豊子の『大地の子』（１９８７〜１９９１年（平成３年）『月刊文藝春秋』連載）は、そこからかなり剽窃したことでも知られている。その中に、彼女の生家に八路軍（中国共産党軍）の衛生兵30人くらいが押しかけてきて、２階に２日間厄介になったというシーンがある。出ていくときは握り飯も作ってやった。見送って２階に片付けに上がってみたら緞子《どんす》の布団が糞まみれ、小便まみれにされ、壁は人糞が塗りたくられていた。置いてあった琴も何もかもすべてぶっ壊してある。どうしてこういうことをするの、と家人は泣きながら布団を洗った。

高野山の中国人はその八路軍の末裔で、今の中国人観光客はあの時代から何の進歩もないのか、ということをコラムに書いた。それに青木理が、噛みついた。ありもしないまったくの偽りの話で特定民族を誹謗するのは許しがたい、まるで便所の落書きのようなコラムだと罵りも付けていた。青木は『卡子』も読んでいないのだろう。中国人を非難すれば日中友好に悖《もと》る、ヘイトだと思考するらしい。単純な考え方、割り切り方で脳細胞を使わない分楽かもしれないけれど、そういう視野の狭さは困りものだ。

左翼論壇の程度がこの程度かと思うと、悲しくなるね。

# 第3章

# モンスター化するメディアの騙しの手口

## ●北朝鮮、文化大革命、ポルポトを礼賛したマスコミ

**髙山**　かつて最も大きいものといえば、1959年に始まる在日朝鮮人の北朝鮮帰還問題でしょうね。壮大な騙しのテクニックがあった。

**阿比留**　主に朝日新聞を中心とした多くのメディアが、北朝鮮は「地上の楽園」だ、と持ち上げました。

けれども当時マスコミが讃え上げたのは北朝鮮だけではありません。1973年からの4年間で200万から300万人の自国民を虐殺したカンボジアのポルポト政権も「アジア的優しさ」と持ち上げて礼賛しています。

数千万人が死んだ中国の文化大革命（1966〜1976年）も褒め称えている。ソビエト連邦のこともずいぶん褒めていて、イデオロギーなのか、思い込みなのか、恣意的なのか、とにかく嘘ばかりを言ってきました。

**髙山**　単なる思い込みとは言えないでしょうね。文化大革命の時代、毛沢東は日本のほとんどの新聞社が気に入らなかった。産経新聞の柴田穂《みのる》が追い出され、他も追放された中で、朝日新聞の秋岡家栄だけが残った。秋岡は、林彪が1970年の時点で

死んでいるのに、その1年後まで、生きていると平気で書いていた。朝日新聞は当時、広岡知男が社長を務めていた。

**阿比留**　広岡氏が、中国の悪口と批判を書くなと指示をした、と。

**髙山**　それもあったでしょう。ここからはちょっと伝聞の話になります。中国国内で景徳鎮のいい器だとか書画骨董をもっているとやられてしまうのが文革の時代だった。だから二束三文で海外華僑や外交官、残っている新聞記者に売り払った。日本の場合、残っていた新聞記者といえば秋岡しかいない。

今、たとえば上海の歴史博物館へ行くと文化大革命を逃れて生き残った書画骨董など文化財が並んでいる。博物館はいくつもの部屋に分かれていて、入り口に海外華僑の名が書かれている。あの当時、二束三文で買い集めた書画骨董をこのヒトがごっそり寄付してくれましたという意味。で、タダで寄贈したかというと違う。

それに見合った鉄道や道路の開発利権をもらう。そういう現実を見ると、秋岡もただ林彪は生きています

数千万の犠牲者が出た文化大革命の時代に台頭した紅衛兵

と書くだけじゃなく十分な副業もやったのだろうと邪推してしまう。

そのせいかどうか、真実の一片も報道しなかった秋岡は日本に戻ってきてからも中国がらみのビジネスをやっている。そこでも儲けている。

新聞記者が商売っ気を出しちゃあいけない。まして金儲けなどとんでもない。自分で言うのもおこがましいけれど私などはイランで本当のことを書きすぎて最後は追放同然。それでも足りずに未だに逮捕状が出ているからイランに行くなと外務省から忠告された。好きな国なのに、再訪できない。

## ●マルクスレーニン主義と朝日新聞と日教組

**阿比留** 元朝日新聞の長谷川熙《ひろし》さんの文章を読むと、朝日新聞は中でソ連派と中国派に分かれて対抗していた、ということが書かれています。ソ連派も中国派も、どっちもろくでもない。第一に現実が見えていない人たちだということですね。

**高山** 北朝鮮の金日成がまさにその構図だね。ソ連派か中国派か。殺し合いをやって、片方をすべて粛清してしまう。

**阿比留**　長谷川さんによると、マルクスレーニン主義がかなり根強かったそうです。朝日新聞は北朝鮮を礼賛しましたが、他の新聞もある程度、同様です。そして、日教組もその通りなのです。

　1971年から12年間委員長をやってミスター日教組と呼ばれた槙枝元文《まきえだもとふみ》は私もインタビューしたことがありますが、尊敬する人物は金日成だ、と明言していました。槙枝自身、金日成に会いにも行って「この国には泥棒がいない」などと賛美しているし、北朝鮮から勲章をもらっています。在日本朝鮮人総連合会（朝鮮総連）の機関紙、朝鮮新報は2007年10月15日付紙面で、槙枝の総連中央大会でのあいさつをこう紹介しています。

金日成と金正日の像。著しい個人崇拝は未だに続く

「朝鮮に対し加害者だった日本は戦後、謝罪、補償もせずに拉致問題を掲げ、植民地支配への過去精算を放置してきた。これが不正常な関係へとつながった。何よりもまず、植民地支配の精算を原点としなければならないだろう。在日朝鮮人は現在も制裁、抑圧され、ひどい人的侵害を受けている。日本人が一緒に働きかけ、在日朝鮮人への差別を

なくし制裁を撤廃させ、朝鮮への水害支援を行わせるなど働きかけることで、必ず国交正常化は実現できる」

まるっきり北朝鮮の言い分そのものです。

また、日教組の県の単位労働組合はいろいろと北朝鮮と交流をもち、お金も寄付しています。そしてつい最近まで、朝日新聞や毎日新聞は日教組の批判を一切書きませんでした。

ここ数年、日教組の政治運動について産経新聞が書いたこともあり、多少は取り上げるようになりましたが、それまではタブーだった。今はたまたま日教組があまり話題にならないので目立ちませんけれども。

その理由は、ひとつには、イデオロギー的に仲間だからということです。もうひとつは、日教組から広告がもらえるからですね。朝日の子供向け新聞などに日教組が広告を出すのです。労組イコール善玉というステレオタイプな見方もあったように思います。

**髙山**　未だにそれは切れていないね。2018年の3月に、東京の区立中学校でどぎつい性教育を行っていることが話題になった。

自民党都議が問題にして東京都教育委員会が指導することにしたのに対して区の教育委員会が反発している、と朝日新聞がでかでかと報道した。

そのすぐ後で朝日新聞は、《妊娠・出産の高校生、学校の勧めで「自主退学」32件》という見出しの記事を3月30日に出している。《全国の公立高校で、妊娠・出産を理由に学校側から退学を勧められ、その結果生徒が学校を退学したケースが２０１５～16年度に32件あったことが、文部科学省による調査で分かった》という内容で、記事をよく読むと、「本人または保護者の意思に基づいて自主退学」が全日制で３７１件、定時制で２７１件あったことが分かる。高校を辞めたのは全部で６７４件になる。

そんなにいるの、と一瞬驚いたけど、よく考えると分母が２３０万人ほどになる。パーセンテージにすると０・０００３パーセントくらい。まったくの例外中の例外で、一般論化できるような話ではない。

むしろ、日本全国で７００人弱しかいなかった。それだけ社会道徳観念がしっかりしている、むしろ褒めるべき数字じゃないかと思う。しかし朝日新聞はそうではなく、日教組的な判断に立って妊娠しないよう中学からどんどんどぎつい性教育が必要なのだ、という主張になるわけだ。

## ●狭い人脈で回る左翼サークル

**阿比留**　結局、日本には左翼サークルみたいなものがあるのです。実はこれが、意外に小さい。朝日新聞、日教組、人権派弁護士。そういう人たちが、ぐるぐる回ってくっついているだけです。

たとえば、慰安婦問題を大きくした人物は弁護士出身の福島瑞穂議員であり、それから高木健一氏という有名な人権弁護士です。福島議員は弁護士時代の仙谷由人元官房長官と同じ事務所に所属していました。高木弁護士は私も電話インタビューをしたことがありますが、仙谷とは大学時代からの友人関係にありました。

仙谷は官房長官当時の2010年7月、講演で突如として韓国への戦後補償は不十分だとして新たな個人補償を検討する考えを表明しました。「元朝鮮人慰安婦　戦後半世紀　重い口開く」という慰安婦記事を書いた朝日新聞（当時）の植村隆記者は、高木弁護士のところに出入りして取材していたと明かしていました。全部、つながってくる。

彼らが左翼サークルみたいなものを形作り、日本の悪口を世界中に言いふらしているわけです。

**髙山**　そこに、辻元清美の亭主の北川明だとか、福島瑞穂の亭主の海渡雄一という弁護士だとかがいろいろな格好でからんでくる。確かに、人脈的には狭いな、という感じはするよね。

**阿比留**　全部つながっている。とても狭いのですが、少数でも熱心な活動家がいると、やはり物事は動くんですね。

**髙山**　資金はどこから出ているのかな。今、慰安婦問題などで騒ぐ弁護士連中は1年に何度も国連に大デレゲーションで出かけている。

一説に中国マネーとも言われる。それに左だと国も放っておかない。2018年の5月に、法政大学で教授の山口二郎の科学研究費助成、いわゆる科研費が大きすぎると話題になった。彼に6億円も出ている。

それから今はストライキをやらなくなった。産業別連合体の組合費がジャブジャブ余って、それが、たとえば沖縄の基地反対運動などにかなり使われているという話も聞く。

**阿比留**　日教組の場合はとても簡単です。主任手当などをプールしているといわれています。たとえば2008年、神奈川県の日教組で30億円貯まっていたはずの主任手当が消えたというので話題になりました。日教組からの寄付は領収書がいらない、とよく議員が言います。選挙事務所に日教組の人が来て100万円くらい置いていく。けれども領収書は出さなくていい。

## ●捏造も嘘も厭わない朝日新聞記者

**阿比留** 朝日新聞は左翼サークルのハブの役割をしているのかもしれませんね。たとえば、2018年の5月3日、東京で憲法改正反対の集会がありましたが元朝日新聞記者の竹信三恵子という人が挨拶をしています。同日、群馬県の高崎市でも憲法改正反対集会がありました。安倍首相の顔をヒトラーに擬えた画像を講演で使って話題になりました。この集会の主催にも元朝日新聞記者がからんでいます。

**髙山** 朝日新聞がどのように嘘の記事を作るのかというと、いい例で、フィリピンの炭鉱夫の老人の話がある。

2010年に、四倉幹木という記者が、老人の首の後ろに日本兵に銃の台尻で殴られた時のコブがまだ残っている、という記事を書いた。第一面にカラーの写真が載っている。しかし、それはどうみても明らかに脂肪瘤だ。第一、殴られてできたコブが70年間も残っているはずはない。

この記事に関与するのは、まずは記事をチェックするデスク。それから、校閲、整理が見る。紙面の担当マネージャーが見る。写真部も見る。それだけの人間が見て、70年前のコブが残っているわけがないだろうという、誰もがもつであろう疑問が声にならない。

つまり、デスクが通した記事の、日本軍はこんなに残忍だったということを伝える大きな使命の前では、そんなことは問題にならないというわけだ。

まともなことを言えば、言った奴が潰される。

**阿比留**　一貫していますよね。１９８９年に朝日新聞珊瑚記事捏造事件、いわゆるKY事件が起こった。自分でわざわざ珊瑚に「Ｋ・Ｙ」と傷を付けて写真に撮り、こんなきれいな珊瑚礁を傷付ける日本人の心は貧しい、と書いて記事にした。朝日新聞は、「日本人の心は貧しい」と言いたいがために美しい珊瑚礁に傷を付けるような人たちなのです。

**髙山**　《将来の人たちが見たら、八〇年代日本人の記念碑になるに違いない。百年単位で育ってきたものを、瞬時に傷つけて恥じない、精神の貧しさの、すさんだ心の……。》（朝日新聞１９８９年４月20日付夕刊）というやつだね。とにかく日本人のものすごい悪口を、捏造してまで言う。

**阿比留**　２０１４年５月20日の吉田調書の虚報も同じことです。吉田調書を入手したところまではいいでしょう。それを元にして、東京電力福島第一原発の所員の９割が所長命令に違反して逃げた、と書いた。実は逃げも何もしていない。

世界中に日本のイメージを悪くする情報を流すことが目的の報道であるとしか思えないわけです。

海外メディアは一斉に朝日新聞の記事を取り上げて日本と東電の対応をネガティブに報じました。朝日新聞は一貫してそういうことをやっている。朝日新聞の全員がそうではないにしても、それを止めるシステムがないのです。

## ●チェック機関をもたない日本の新聞

**髙山**　テレビのＢＰＯ（放送倫理・番組向上機構）も歪んでいる。

２０１８年4月にＤＨＣの吉田嘉明会長が、ＢＰＯはおかしい、と面と向かって抗議したことがあった。とはいえ、日本の新聞は、自らを社会の木鐸と言い、自分たちの良識を誇っておきながら、何のチェック機関ももっていない。

毎月新聞各社の局長が集まる、編集局長会議というものがある。いわゆる親睦団体の昼食会で、新聞社の場合は批判に類することは一切しないことが当たり前になっている。そんなところで珍しい出来事が起きたことがある。

１９７５年に、羽田発千歳行きの全日空の国内便が17歳の高校生にハイジャックされる事件があった。「爆弾をもっている」と操縦室に入り込み、ハワイへ行けと命じた。操縦士が「では油が足りない、羽田に戻って給油してから飛びましょう」と言って引き返し、整備士に化けた警官が高校生をパクった。事件自体は5、6時間で決着がついた。

事件後、全日空の幹部が羽田記者クラブにきてハイジャック騒ぎはわずか数時間で終わったが被害額は７００万円を超えた。ついては高校生の家族に損害賠償請求をする。ただ取り立てるつもりはない。

つまらない遊び心で騒ぎを起こすとこんな迷惑がかかるんだということを社会に知らせたいだけ。ベタ記事でいいから載せていただきたいと。ついでに取り立てない理由を「高校生の家庭は母子家庭だから」とも言った。これは羽田記者クラブの記者と全日空幹部の間だけの話、ということだった。

それでこっちはベタで載せた。犯罪とはいかにペイしないものかと。ところが朝日新聞は違った。社会面トップで「母子家庭に700万円、大企業の全日空が要求」とやった。実に卑劣で、言葉を失った。

この記事のことが、編集局長会議の席で出た。それも朝日の編集局長がしたり顔で「事実を無視してセンセーショナルに走りすぎた新聞があった」と言った。朝日新聞は全日空の大株主だ。それであの記事で頭にきた全日空が株主宛に「最近の新聞は」と文句を伝えた。それをこの愚かな編集局長が別の社のことだと思い込んでしゃべったのが真相らしい。いずれにせよ、各紙の局長は自分の新聞がどう書いたのか覚えていなかったから、会食の食事は喉を通らず、飛んで帰った。わが社も同じ。私のところに電話があって編集局長が呼んでいるからすぐに上がって来い、と。朝日新聞がその犯人だと言ったら本気で「朝日野郎が」と怒っていた。

取材対象と記者クラブとの間には信頼関係がある。誤解されやすい問題もある。それを信頼して打ち明け、記者の方も勉強して書くという不文律がある。それを朝日新聞は平気で破る。ほんとにモラルがない。

1995年に、当時村山改造内閣総務庁長官の江藤隆美もその信頼関係を破られて辞任した。

**阿比留**　これはオフレコだとして、韓国について「植民地時代に日本は悪いこともしたが、いいこともした」と言ったのを書かれたんですね。いいこと「を」した、にわざわざ書き換えられたケースもありました。

**髙山**　その記者会見に赤旗はもちろん出ていなくて、毎日新聞も出席していなかったのだけれども、翌日にはちゃんとディテールが載っていた。朝日新聞を軸にした赤い連携というか。

それにしても言葉遣いや言い回しもこの3紙は同じだった。録音のテープが回っていた証拠だ。オフレコを約束したら書かない。メモも取らない。ましてテープなど回さない。

**阿比留**　回しませんね。しかし、今は小さいレコーダーがあるので、隠し録りしようと思えばやり放題でしょうね。

**髙山**　携帯電話でも録音できる。恐ろしい世の中になったね。しかし、江藤隆美の件はびっくりした。もはや朝日新聞やその類の記者とは何も話せない時代になった。

## ●スパイ行為を行った朝日新聞

**髙山**　2018年の4月に、自衛隊日報問題というのが起きた。陸上自衛隊イラク派遣部隊の日報のうち、ないとされていた分の日報が次々に見つかって、これは大問題だと散々に言われた。

そこで、イラク派遣当時の2004年の朝日新聞を見ると、空自機で邦人退避へ、といった記事で、何月何日にどのルートで退避するとか、詳細に記事にしていた。防衛庁は、こんなのを流して邦人が襲われたらどうするのかと、朝日新聞に抗議をした。あたりまえだ。普通は極秘のオフレコだが、邦人輸送の対象には新聞記者も入っていたので、情報を入手できた。

朝日はそれを記事にして、アラブ人に襲わせようとした。この当時、朝日新聞の現地取材を仕切っていたのは川上泰徳特派員だった。

彼はその前にも自衛隊宿営地の現地所在地を記事にして図まで入れていた。東京でイラクのサマワの地図を見せられても意味がない。ただ、その記事を現地に流せば意味がある。おかげでというか宿営地には迫撃砲2発が撃ち込まれた。朝日新聞はここを狙え、ここを撃てというヒントを出しまくっていたことになる。

日報についてはこんな危険が自衛隊員の周辺で起きていたじゃないか、自衛隊員が巻き添えをくらい負傷したらどうするのかと騒いだ。一方、14年前は、まるで逆のことをやってここを襲撃して自衛隊員を殺せとサジェストしていた。これはテロ行為と言っていいと思う。

**阿比留**　オフレコにもいろいろあります。完オフは絶対に書かない。普通のオフレコは話者を特定しない方法、たとえば政府筋によると、などといったかたちで引用するのはＯＫ。

**髙山**　常識があれば、少なくとも宿営地の地図を出すのはＮＧだということくらい分かる。新聞に載せればすぐに世界中に伝搬する。

１９８０年代の後半、私がテヘランにいた時、イラン政府は朝毎読と日経しか取っていなかった。それを、日本語ができる北朝鮮人が情報省で分析していた。問題があると、該当の社の記者を呼び出して警告したり追放したりする。私が知っている限りでも、東京新聞と日経新聞と毎日新聞が追放されている。

産経はノーチェックで、私だけ好きに書いていたら、そのうちに呼び出しが掛かりだした。在東京のイランの大使館がチェックし始めたからだった。最後はとうとう取材許可のプレスカードを没収されてしまった。プレスカードをもたないで情報を流すとスパイ罪になる。かなり際どいところまで追い詰められた覚えがあります。

つまり、大使館筋や情報筋を通じて、日本の新聞の情報は海外に流れる。宿営地を爆撃した迫撃砲など、射程はせいぜい1000メートルから1500メートルだ。そんな近距離から撃つというのは、よほど確実に場所を知っていなければできることではない。朝日新聞は、昔だったら国家犯罪として処断されることをやった。

現在は自衛隊自体が国家未承認の存在だから、どうこうされることもないだけの話だ。それにしても、防衛庁から抗議が来たことを朝日新聞はうれしそうに書いている。ひどい話だ。

2004年、自衛隊イラク派遣当時の記事を見ていると、朝日新聞は国賊的な新聞であるということがよく分かる。

**阿比留**　前に触れたポルポトと文化大革命への礼賛もそうですけれども、靖國神社参拝を問題にしたのも朝日だし、南京事件を広めたのも朝日だし、朝日新聞は結局、日本にとって迷惑なことしかしていないのです。

社会の木鐸、という言葉はほとんど死語になっていて今はほとんど誰も使いませんけれども、社会に役に立ったということが果たして朝日新聞にあるのかといえば、きわめて疑問です。朝日が広めた慰安婦問題の影響で日本が失った国益は、金額に換算したらいくらになるのかという話です。

**高山**　自省あるいは内省があればいざしらず、まったく反省がない。昔に書いたことなど覚えてもいないのでしょう。やはり、ちゃんと監視していかないといけない。私は、権力の監視、という意味でやってる。

**阿比留**　岩波書店はすでに死に体で、左翼サークルのプラットフォームを今、朝日新聞が一身に担っているわけです。かろうじて生き残っている朝日をなんとかしなければいけない。元朝日新聞の文筆家・川村二郎さんによれば、発行部数はすでに４００万部を切ったらしいのですが。

**高山**　今頃になって次々、朝日新聞の出身者が口を開くというのも、おかしな話だ。でも、言わないよりは言ったほうがいい。

朝日出身で朝日のことをいちばん正直に書いたのは永栄潔でしょう。『ブンヤ暮らし三十六年 回想の朝日新聞』（草思社 2015年）という本を書いている。世間において朝日新聞がどんな存在だったかということがよく分かる。経済部の記者には、企業の社長がわざわざ向こうからアポイントメントを申し込んできて一席設けてくれるのだそうです。産経新聞にいたものからすると、奇跡みたいな話だよ。

## ●共同通信という大問題

**阿比留** 共同通信は紙面をもっていないから、いわゆる飛ばし記事、裏付けをしていない不正確な記事がやたらと多い。紙面をもっていながら飛ばせば、誤報ではないかと後から追及されます。共同通信は配信しているだけですから責任の所在があいまいになり、誤報があったとしても、地方紙があれこれ言われるだけで、共同通信本体には響かないのです。

**髙山** 終戦してマッカーサーが来日し、新聞社にいくつかの規制をした。まず最初にやったのは、同盟通信社の解体。同盟通信社は、西安事件をスクープした松本重治などが在籍する、それこそ日本が誇るべき唯一の世界通信社だった。

世界各国の新聞がめちゃくちゃを報じても、同盟通信社がかなり正確な記事を入れてきていたのです。

たとえば１９３７年、アメリカの世論調査を見ると、日本に好感度をもっているアメリカ人は１パーセント、中国に好感度をもっているアメリカ人が76パーセント。戦争が始まるまでこの数字はあまり変わらず、日本は１パーセントと２パーセントの間で、中国はずっと70数パーセント台。ほとんど絶対支持みたいな中国の好感度だった。

中国をけしかけて日本と戦争をやらせるのがアメリカの政策でしたから当然でしょう。

１９３７年は、盧溝橋事件、第二次上海事変、南京占領のあった年です。

１９３８年にノーベル文学賞もとり、この時代にたくさん作品を書いたパール・バックはほとんど中国で育ったけど、中国が大嫌いだった。中国で結婚して知的障害を持った一人娘を生んだが、１９３４年に中国を離れ、アメリカでジャーナリストと再婚して二度と中国には戻らなかった。

それでもパール・バックは、その著書や発言の中で、アメリカの政策に沿って日本と中国を戦わせている。

最後はアメリカが日本に正義のとどめをさせばいいようにもっていっている。アメリカの対日政策は実に歪んだものでした。

そんな時代に、実際はどうなのか、正確な世界の事情を報道できたのが同盟通信社だった。それを、マッカーサーが、いのいちばんにぶっ壊した。まともな情報は日本に入らないようにした。情報はすべてAP（アメリカの大手通信社）かGHQを通してのみ流れ、日本人に対する洗脳が進んでいく。

同盟通信社が潰された後、1945年の11月に立ち上げられたのが共同通信社だった。かつての同盟通信社の精神でいけばいいのに、まったく、GHQの意のまま。共同通信は通信社のくせに24時間営業はしない。夜は寝てしまう。

こんなのは通信社じゃない。私は社会部デスクのときに付き合いましたが、記事も東京裁判史観。最初から偏っている。向こうの編集局に電話してまともに原稿を書けとか何度も注文を出した。産経新聞は地方支局が手薄だったけれど極力時事通信を使っていた。

同盟通信社の精神を継ぐようなところはどこにもない。2018年の4月に、フィリピンのロドリゴ・ドゥテルテ大統領が、マニラ湾の夕日が見えるロハス通りにあった華僑団体が慰安婦像を撤去した。共同通信はバターンのメモリアルデー、いわゆる死の行進の記念日の様子を配信しながら、ドゥテルテ大統領の慰安婦像の件は記事も流さなかった。

バターン死の行進はマッカーサーが捏造したという説が強いし、反証する写真も証言もある。この前、フィリピン戦跡の旅に行ったときフィリピン人ガイドの叔父はその行進の途中、逃げ出した。日本軍は笑顔で見送った。捕虜は少ない方がいいし、フィリピン人と戦争をしているわけじゃなかったから見逃してもらったと話していた。同じことは火野葦平の従軍記にもある。それでも共同通信は今年もその記念日に「日本軍は残虐だった」というフィリピン人の講演を詳細に送ってきた。東京裁判史観を一生懸命守るのが新生共同通信の使命だと今も思っているらしい。

いわゆるマニラ大虐殺についても共同通信は、虐殺があったのを前提にしている。GHQが言うマニラ大虐殺は１９４５年２月から３月にかけて起きた。アメリカ軍がマニラに侵攻。日本側は陸海軍の混成部隊１万人ほどが待ち受けた。日本側は最後の決戦を前に、サントトーマス大学に抑留していた米国人、スペイン人など白人家族すべてをアメリカ側に引き渡した。これでマニラには、フィリピン人と日本人だけになるとアメリカ軍は無差別爆撃を始め、マニラ市街を徹底的に破壊した。

市民10万人が死んだと言われる。日本軍も全滅する。ところが、マニラ攻防戦の間に日本軍がフィリピン人を強姦、殺戮した、犠牲者は10万人に上った、それがマニラ大虐殺だと言い出した。

ＧＨＱから２日間の発行停止命令が出る前の朝日新聞はこの問題をしっかりと取り上げ、それなら日本側も証人を出そう。ちゃんと検証しよう、サントトーマス大から解放された人たちの話も聞こうと言ったら、発刊停止になった。

そういう事情があるのに共同通信は相変わらずＧＨＱの言い分通り、日本軍が十字砲火の間をかいくぐり、フィリピン人10万人を殺して回ったと書く。米兵に背を向けて毎日毎日フィリピン人３０００人ずつ殺していたと信じている。これが今の共同通信の正体だね。

**阿比留**　その共同通信が、ほとんどの地方紙に配信しています。つまり共同通信は、日本でいちばん部数の多い新聞ということになります。３５００万部とか、それくらいの数字になる。

**髙山**　１９８０年代中頃にロス疑惑というスキャンダルがあってマスコミが大いに騒

いだ。共同通信と、共同通信の配信を受けて記事にした地方紙が20社くらい、三浦和義に訴えられてたね。

**阿比留**　産経新聞は数年前、共同通信をやめようかと検討したことがありました。やめられなかった理由が、スポーツの記録なのです。プロ野球やサッカー、ありとあらゆる記録のストックが共同通信にしかない。産経はもっておらず、記録を使いたいと思えば共同通信に要請するしかない。政治部としては共同通信などまったく必要ないのですが、仕方がありません。

第4章

# 欧米リベラルメディアの没落

## ●反日が前提の外国特派員

**阿比留**　欧米メディア、特に日本の特派員は、日本のことを悪く書いたり偏見をもって書いたりするのが仕事です。本国に対して日本のまともな姿を送ってもおもしろくない、使われない、ということがあるようです。日本は変な国である、遅れている国である、ダメな国である。そういうのが好きなんですね。ドイツの新聞はその代表でしょう。

**髙山**　ドイツは特に多いね。「南ドイツ新聞」だとか「フランクフルター・アルゲマイネ・ツァイトゥング」だとか。

日本外国特派員協会というのが東京の有楽町にある。米軍は東京のほとんどを爆撃したが、占領後に自分たちが入る予定のところは残した。マッカーサーが入ったのは第一生命ビル。その一帯は焼かなかった。そして、第一生命ビルのななめ後ろのビルに外人記者会を作った。

外人記者会は、当時はGHQの広報宣伝の1部門だった。たとえばロシア系ユダヤ人のマーク・ゲインは、本名はモー・ギンズバーグといってソ連から逃げ出し上海で同盟通信で働いていたこともあった。戦後は、カナダの新聞社にやとわれて日本の悪口ばっかり書いた。それをまとめたのが『ニッポン日記』（1951年　邦訳版1963年　井本威夫訳　筑摩書房）だ。

『ニッポン日記』に、アメリカからの日本の憲法の改正手順が書かれていて、2月22日のジョージ・ワシントンの誕生日にマッカーサー憲法を幣原喜重郎に閣議決定させろ。11月3日の明治節、明治天皇の誕生日に憲法を発布させろとか書いている。外人記者会はGHQと深くコミットして、その手先も務めたとも書いている。そのひとつが当時自由党総裁の鳩山一郎を政界から追放するよう、GHQから要請された一件。

マーク・ゲインらはGHQから鳩山一郎がヒトラーと会ったときの文章を渡され、ある日、鳩山を外人記者会の昼食会に呼ぶ。その席で中国人記者がまず口火を切って鳩山一郎を集中攻撃する。各国特派員が協同して鳩山を吊し上げた。日本のメディアにもそれが伝わる。外電も叩く。それで鳩山一郎は、パージされる。

外人記者会はそれ以後もアメリカ政府の命を受けて日本のトップ政治家の命運を左右した。田中角栄のときもまったく同じ。立花隆が田中金脈を文藝春秋でやったときにはまったく話題にならなかったが、外人記者会が角栄を呼んで吊し上げ、外電で叩く。そうなると日本の新聞も大騒ぎして、ああいう展開になった。

日本駐在の外国人特派員というのは、もともとカスばかりだ。たとえば最近まで日本外国特派員協会の副会長をやっていたマイケル・ペンは、新聞記者でも何でもない。ダコタだか、ド田舎で情報ネットをやっていただけの男だけど金を払えば外人記者会には入れる。で、反日ものをやって喜ばれていた。中身は何にもない。２０１５年に日本外国特派員協会で性奴隷問題についての記者会見があって、日本には性奴隷などないという主張が出た。そしたらペンが世界はそれでは納得しないとか言い出した。それに対して外交評論家の加瀬英明が「米国のつい19世紀後半まで奴隷制があった国から性奴隷とか何とか言われたくない（中略）みなさん日本について勉強していただきたい」と言い返した。マイケル・ペンは黙ってしまった。その程度の連中の集まりなんだね。

## ●ニューヨーク・タイムズに載ったものが真実

**阿比留**　ニューヨーク・タイムズの日本の特派員にニコラス・クリストフという人が

いました。この人が１９９７年に「過去の記憶にさいなまれる老兵」という記事を書いた。三重県のとある村に住んでいる元老兵士が重い口を開き、中国戦線で人肉を食べたというインタビューをとった、という記事です。ニューヨーク・タイムズだけではなくてヘラルド・トリビューンにも載り、世界中に流れました。

そんなはずはないだろうと私は思い、電話をして、その元老兵士本人に尋ねました。するとやはり、いや、そんなことは言っていない、と否定するのです。これはおもしろいな、と思って出張を作り、先輩記者と元老兵士の住む村へ行った。ところが、玄関払いを食いました。その村の有力者とクリストフがつるんでいたのです。その有力者は、要するに、外国人好きのリベラル派でした。逆らうと村八分になるということで、もう取材は受けられない、というわけです。

手紙を書いたのですが、書いた手紙の中身もその有力者に筒抜けで、かえってその有力者から返事がきたりしました。困ったものだなと思い、ではもうニコラス・クリストフに直当たりしようというので、ニューヨーク・タイムズの東京支局に取材を申し込みました。拒否されましたね。

**高山**　阿比留くんからその話を聞いて、私はクリストフに会いに行きました。ニューヨーク・タイムズのあなたの記事にいろいろ異論が出ているけれども、と言うとクリストフは、現所有者ザルツバーガー家の先祖の昔からニューヨーク・タイムズが言ってきたこととまったく同じセリフ、「ニューヨーク・タイムズの紙面に載ったものが真実である」と言いたてる。老兵の話は確か市場に行ったら珍しく新鮮な肉が出ていた。買って帰って兵舎ですき焼きにした。

あまりに新鮮なのでもしかしたら人肉じゃないかと誰かが冗談を言った。その話をしたらクリストフが「14歳の子供を殺してその肉を食った」と書いた。「たったひと切れだが老妻にも言えなかったと枯れ枝のような手を震わせた」と。それでなんで14歳の子なのか、誰に聞いたのか、クリストフを問いただしたけれど「わが新聞に載ったのが真実のニュースだ」を繰り返す。

朝日新聞の捏造記事もいろいろ情景は詳しく書き込むが、クリストフの創作力も大したものだと思った。

**阿比留**　人肉を食うとか、人肉のスープをとるとか、それは中国古来の風潮であって、日本の食文化、伝統にはありません。おかしいなと思ったら、案の定、元老兵士は否定した。取材申し込みをした私からクリストフは逃げました。

こういった報道をまた、日本人がありがたがる傾向があるのです。外国からの発信を重要視する舶来信仰は、最近は薄れてきているとは思いますが、昔はやはり強かった。

## ●舶来信仰がまだまだ残る日本

**高山**　舶来信仰は今も変わらないのではないでしょうか。２００７年に朝日新聞の主筆に就任した船橋洋一は「日本@世界」というコラムで２００９年に《いまや米社会ではトヨタは欠陥の代名詞になった》と書いた。トヨタのレクサスが暴走し、豊田章男社長が連邦議会公聴会で謝罪したという報道を受けての記事です。

アメリカの訴訟用語で欠陥車を「レモン」という。それが「トヨタ」に代わったと朝日の主筆が言った。この騒ぎは最初、当時米国運輸長官のレイモンド・ラフッドが、「トヨタは欠陥車だ」とわあわあとやった。同じような騒ぎは１９８０年代にドイツ車アウディであった。急加速が多発して、調べたら、確かに外部の電波にコンピューターが反応して暴走していた。アウディはそれで85パーセントも売り上げが落ちた。

トヨタに対してもこの手を使ってやってしまえということになった。追いうちをかけるように南イリノイ大のデビッド・ギルバート准教授が、トヨタ車のタコメーターが急上昇し制御不能になる様子を映像化してABCテレビで放送した。トヨタもこれで終わりかと思われたが、映像画面をよく見ると速度計はゼロのまま。つまりエンジンをカラぶかしして撮影したことがばれた。米国の大学までがいんちきデータを作ってトヨタ欠陥説をふりまいていた。

その後、向こうの陸運局が1年調査したが欠陥は見つからず、さらに1年、NASAに持ち込んで調べてもトヨタに欠陥は見つからなかった。その間に暴走したと訴えていた何人かが便乗詐欺犯と分かったりして、ラフッド運輸長官が自分の娘にトヨタを買ってやる、というオチがついて騒ぎは終わった。

しかし朝日新聞は米国の主張にそのままのって船橋洋一が捏造した嘘を書き、「天声人語」もトヨタを悪しざまにののしり、「素粒子」（夕刊のコラム）では自分が買ったばかりのトヨタ車を高値で買い戻させようと悪口を書きまくった。しかし、トヨタが無実と分かっても謝罪もない。どうしようもないアメリカ崇拝はしょうがないにしても、間違い報道を一切訂正しない。見下しているとしか思えない。

**阿比留**　第一次安倍政権時代に、安倍総理がアメリカの新聞のインタビューを受け、そのインタビューの内容の報道が取り沙汰されたことがあります。安倍総理は当然、日本語で答えています。そういう場合には官房副長官がブリーファーとして付いて、日本側の記者に、総理はこう語りましたとブリーフ、つまりレクチャーする。

私たちはその説明を受けて記事を書くわけですが、英語圏側で英語の文章になったものを見ると、やはりニュアンスが違うわけです。しかし、どう考えても、日本側の発表の方が正しい。日本語で総理が言ったままですからね。ニュアンスの違いは、英語に翻訳した側が正しく捉えていないだけのことです。

しかし日本の反応でけっこう大きかったのは、安倍総理はこう言っているのにどうして日本の新聞は伝えないのか、というものです。英文の報道を見てそう言っているのです。何を考えているのか、根拠なく英字紙の記事のほうが正しいと思い込む。有権者の反応もそちらに傾いてしまう。

こういうことはよくあります。たとえば、首脳会談です。

マスコミに限ったことではないのですが、日米首脳会談にしろ日韓首脳会談にしろ、日本側の発表と相手国の発表が微妙に食い違う。そして、無条件に相手国の発表の方を信じるという人が日本にはけっこういるのです。はっきり言えば、韓国側の発表なんてものは嘘が多い。自国民に対して都合のいいことしか言いませんからね。
中国も自分たちに都合の悪いことは隠した発表をします。しかし日本人の多くは、日本側は本当のことを言っていないのではないかと、そういうふうに受け取るのです。

## ●国民の意識の中にあるステレオタイプ

**髙山** 韓国はめちゃくちゃな国だ。今はごく普通にみんなが報道しているようなことを90年代はじめに週刊誌のコラムに書いていたら、読者だという人から電話がかかってきた。帝京大学で教えていたころの話だけど、電話の主は、こんなひどいことを書いて、知っている民団（在日本大韓民国民団）の幹部に言うぞ、と言う。大騒ぎになるぞ、というニュアンスです。本当のことを書いているだけだし、話すならどうぞ、と答えた。
どうして日本人が朝鮮人の思いまで忖度するのか。こういう外人側に立って日本人の言動を裁くというのがはやりなのか、似たような警告というか脅迫をよく受けたね。

**阿比留** 韓国側の発表がめちゃくちゃだということは、今はもう日本側の記者も知っているからあまり騒ぐことはなくなりました。２０１８年の4月に日韓電話会談がありましたね。拉致問題に関して安倍総理が、また協力を要請することもあるかもしれない、と文在寅《ムンジェイン》に言ったのです。それを韓国側は、拉致問題で助けてくれと安倍総理が言ってきた、と発表した。以前だと、韓国側の言い分をそのまま信じてしまう人が多かった。さすがに最近は、韓国というのは異常な国だということがかなり分かってきていますからね。

**高山**　マレーシアのマハティール首相が１９９４年に、日本がどうして謝る必要があるのか、という発言をしたということは前に触れました。それを報道するとき、他の新聞社は各社ともぱっぱっと原稿を送って済ませているのに、朝日と毎日だけが躊躇をしていた。東京裁判史観の彼らからすれば、マハティール首相の発言は、自社の主張とは異なる。見出しはもちろん、原稿の中身も嘘にならない程度に発言の趣旨を弱めろというわけだ。彼らにはもともと、定まっているスタンダードがある。

**阿比留**　新聞にもあるし、一般読者、国民の意識にもステレオタイプがあるんですね。ステレオタイプに収まらないことはなかなか受け入れられません。２０１０年に始まる菅直人内閣のとき、読売新聞の官邸キャップを務めていた女性記者が私に、菅内閣のひどい実態について本当のことを書くと読者からまさかそんなことはあるまいと言われて信じてもらえない、と話してくれたことがあります。

読者のいわゆる常識と良識が現実を見えなくしているということもあるんですね。この仕事をしていると、コミュニケーションというものは本当に難しいな、と思います。

## ●メディアに勝つトランプと安倍晋三

**阿比留**　安倍総理が最初にトランプタワーに行ったのは米大統領選直後の２０１６年11月です。安倍総理は、あなたは今アメリカのメディアにやられているけれども私もずっとそうだった、私は朝日新聞に勝った、と言った。トランプも、オレもニューヨーク・タイムズに勝った、勝って大統領になったんだ、と言って意気投合したということです。安倍総理とトランプ大統領には、共通したそういう立ち位置はありますね。安倍総理の頭には、名指しで朝日新聞を批判した２０１２年の党首討論会のこともあったでしょうし、それ以上に総理大臣に返り咲いたり、いろいろなことをやってきて全部勝ってきたということですね。

**髙山**　拉致問題についても朝日新聞は１９９９年8月の時点で、日朝国交正常化交渉には拉致は障害のひとつだ、と社説で言っている。

**阿比留**　朝日新聞はまた、２００２年の日朝首脳会談で有名になった外務官僚の田中均氏と組んでいたけれども、そこでも安倍さんは勝っています。拉致被害者5人の北朝鮮への一時帰国をやめさせたし、２００３年の日米首脳会談資料で田中氏が小泉純一郎総理の発言「対話と圧力」から「圧力」という表現を削除したのを、当時官房副長官だった安倍さんは戻しています。

トランプ大統領と安倍総理との類似点に、アメリカも日本も左派メディアが主流である、ということがありますね。しかし両国とも、左派メディアに対する信頼度が薄れてきた。どうせこいつらは左翼偏向しているんだろう、事実をつまみ食いして都合のいいところだけ取り上げているんだろうと、かなりのパーセンテージの国民が思うようになってきたというのが、日米共通の傾向でしょう。アメリカではまだ主流メディアがぼろくそ書いていますが、もはや国民の心に響かないということです。

## ●ポリティカル・コレクトネスに疲れるアメリカ

**高山**　1980年代から米国のエスタブリッシュメントが反省し始めたのです。それまで白人は本当に好き勝手やってきた。たとえば奴隷解放でいいことをやった大統領とされるエイブラハム・リンカーンだってひどい大統領だった。1862年、南北戦争をやりながら、その一方で今のミネソタ州あたりでダコタ族をペテンにかけて滅したりした。食料を配給するから狩りの用地と交換しようと提案し、実際は腐った肉を配給したとか。それでダコタ族が抗議すると、リンカーンは即座にダコタ戦争を宣言する。武器の性能も兵員数も格段の差があるから、たちまちダコタ族は降伏する。ただちに酋長39人を捕えて、ひとりを除く全員を処刑台に立たせていっぺんに吊るした。未だ破られない集団絞首刑の世界記録だ。そのうえダコタ族は荒れ地に追いやられ、ミネソタ州は白人の領土になった。

マッカーサーがGHQに入るなり日本の首脳39人を吊るせと言ったのはこの故事にちなんでいる。リンカーンとはそういう人物でありながら、インディアンと仲が悪いという印象は困るので歴史を改ざんする。白人はメイフラワー号で着いて以来インディアンと仲良くやってきたという大嘘を作った。それが酋長を処刑した翌1863年に祝日に設定した感謝祭だった。

白人社会もゆとりができ、ついでに反省のポーズも作ってみた。それがポリティカルコレクト、政治的公正さというか、歴史の嘘を糺していこうという運動だった。それでも感謝祭の嘘は残し、最初に槍玉にあげたのが転向したユダヤ人マラーノのコロンブスだった。コロンブスは新大陸を発見（discover）したのではなく、新旧大陸の民が遭遇（encounter）したのだとか。そのうちコロンブスが奴隷を連れ帰った話が出て、大悪人にされていった。そのとばっちりの第1号がコロンブスの新大陸発見500年祭（1992年）にロシアの高名な彫刻家ズラブ・ツェレテリが制作、寄贈した高さ126メートルもあるコロンブス像だった。ロシアはニューヨークに建ててほしかったが、自由の女神よりでかい。それにポリティカル・コレクトネスもある。で、ニューヨークが断り、オハイオ州のコロンバス市も、ジョージア州のコロンバス市も断った。それならとゆかりのプエルトリコに持っていったけれど、ロシア側もそれは失礼だろうと怒る。ついには持ち帰って、ピョートル大帝像に造り替えてモスクワに置かれたらしい。ただ、それも不格好すぎると評判は良くない。

ポリコレの最初の悲劇がコロンブスだとすると2番目がアファーマティブ・アクション（積極的差別撤廃運動）になる。大学も企業も黒人やヒスパニックの人口比に合う数を受け入れなくてはならないといった主旨のものだ。日本関係では即座にオハイオ州にあるホンダの工場が十分な黒人を雇わなかったと訴えられ、すごい罰金を取られた。ついで女性差別はダメ、身障者差別はダメと輪は広がる一方で、とうとう英語が喋れないことで差別してはならないと英語授業も標的にされだした。

**阿比留**　ケント・ギルバートさんが2018年に出した『リベラルの毒に侵された日米の憂鬱』（PHP研究所）に、アメリカも日本もリベラルこそが息苦しい社会を作るのだということが上手く解説されています。

**髙山**　前に触れたジョージタウン大学の奴隷売買の件が起き、あれがやはり、トランプとヒラリーの戦いの最後のダメ押しになった気がする。ポリティカル・コレクトネスはもういらないよ、という本音が明らかになった。

**阿比留**　メキシコの間に壁を造るとか一見むちゃくちゃなトランプの言い方に、ポリティカル・コレクトネスに飽きて疲れた人たちが解放感を味わったんですね。

**髙山**　その通りだと思う。2017年8月にバージニア州シャーロッツビルで南軍総帥リー将軍の銅像撤去が問題になった。リンカーンはリー将軍にさんざん嫌がらせをし、リー将軍の邸宅を墓地にした。今のアーリントン墓地がそれだけど、そのころと同じに、リーは奴隷制度を支持した南軍の将軍で、その像は叩き潰すべきだという議論が巻き起こった。中でもゆかりのシャーロッツビルの像を壊せとか言い出して騒動になった。

日本だったら敗軍の将でも大事にする。日露戦争のステッセル将軍にも帯剣を認めた。それにもはや歴史上の文化財だ、壊すことはないという意見が出る。アメリカも同じで賛否両論が出たけれど、「絶対ぶっ壊せ」がひたすら大きな声になった。トランプは双方ともよくないと言ったら、それにも抗議が集中した。このヒステリックさは、アメリカ人が韓国人化した感じすらある。

地元の人たちの話が産経新聞にあったが、アファーマティブ・アクションが行き過ぎて、いい大学にも入るのが難しくなったし、せっかく大学を出ても黒人が優先されてなかなかいい就職ができないという不満が白人の間に溜まっていたという。私がアメリカにいたクリントン政権末期の頃、アファーマティブ・アクションは逆差別になるから廃止すべしという裁判所の判断があった。けれどその歯止めもきかなかったみたいで、ある意味、ヒステリー状態が続いている。トランプに対するメインストリームメディアもそういうヒステリーに罹っているみたいだ。

## ●穏健にトランプと通底する安倍晋三

**阿比留**　トランプに比べると安倍さんはとても穏健です。過激な発言はしないのですが、こびへつらうこともしない。中国の批判は言いませんとか、韓国とは仲良くしてとにかく頭を下げましょうとか、戦後のリベラルが長い間守ってきたものをぶち破ってきたというのは事実なんですね。

左翼メディアをはじめ左翼文化人あるいは左翼知識人はポリティカル・コレクトネスを自分の都合に合わせて勝手に作ってきました。そして自分たちこそがその恩恵を受けている。安倍総理はそういう人たちのことが内心嫌いなのでしょう。過激でも何でもないんだけれども、トランプと通底するところはあると思います。

あたりまえのこと、本当のことを言ってはいけないみたいな風潮がありますね。たとえば日中関係でいえば、「日中友好」の4文字の前にみんな何も言えなくなる。しかも「日中友好」の定義は毎度毎度中国が決める。そういうことをかつて安倍総理自身はよく言っていました。これでは意味がない、と。戦略的互恵関係というのは、お互いに気に食わなくてもうまくやって利益を得ましょうね、という意味です。安倍総理は、ドライにやった。韓国もどんどん突き放しました。

**髙山**　グローバリズムあるいはグローバリゼーションというものも、民族宗教の壁を乗り越えて、と言っている限りポリティカル・コレクトネスの延長線上にある。経済戦略の用語として使われるが、それを支持する層というのは共通している。

本当にニューヨーク・タイムズはどうするのだろうと私は思っています。毎日の政治漫画は相変わらずトランプを馬鹿にする漫画。しかし、それがだんだん飽きられてきている。少なくともトランプは最初に公約したものはほぼやってきた。

**阿比留**　日本のメディアは欧米メディア寄りになることが大にしてあります。２０１８年５月にトランプ大統領が表明したイラン核合意離脱問題にしても、欧米から見れば確かに乱暴でとんでもないということになるのかもしれません。しかし北朝鮮問題を抱えている日本からすれば、これは北朝鮮に対する強い圧力になるわけです。喜ぶべきかもしれない。日本のメディア自身が意識するかしないかですね。欧米メディアの視線に囚われている。

高山　あまり考えていないんだよ、日本のメディアはね。

## ●イラン問題に見るアメリカの新聞の特徴

高山　イランというのはゾロアスター教を信じるペルシャ人の国が昔の形だった。アラブ人の国ではない。ペルシャ人は、イスラムを信じるアラブ人の敵であり、ずっとアラブの支配者でもあり続けた。

ところが7世紀、イスラムを信仰するアラブ軍団サラセンが勃興し、ペルシャは負けてイスラムを押し付けられる。

それでもイスラム教をペルシャ風というかゾロアスター教に近いものに改変した。それがシーア派と呼ばれる。宗教系譜で言うと二神教のゾロアスター教が大もとで、そこから一神教のユダヤ教が派生し、ユダヤ教からキリスト教ができる。そのユダヤ教とキリスト教を合わせてイスラム教が出てくる。ゾロアスター教の聖典を読むと、「最後の審判の日」とか「救世主の復活」「千年王国」とか、処女が湖のそばで水浴びをしていて預言者の子を身ごもる「処女懐胎」とかが出てくる。

ペルシャ人にしてみればイスラムは自分たちの宗教に似た変な宗教に見えた。本家本元だから元に戻すのは簡単で、その過程で、たとえば偶像崇拝にこだわらないとか、本家イスラムのスンニ派とはずいぶん教義が変わっていった。

それでもイスラムにとどまったのはアラブ人王朝に統治能力がなく、執政はほとんどペルシャ人がやった。それでもイスラムの業は強すぎ、やがて中東自体が深い宗教の澱に沈んでいった。

１９１８年、オスマン・トルコの領土だったアラブを最終的に英国とフランスが取ります。ガートルード・ベルというイギリス女性の中東研究家が、映画『アラビアのロレンス』（デヴィッド・リーン監督　１９６２年公開）で有名なトーマス・ロレンスと、チャーチル（当時、植民地相）らがカイロで会って、今のヨルダン、シリア、イラクの線引、イランとの線引、ペルシャ人との線引をすべてやった。

中心地であるバグダッドにシーア派政権を絶対に置いてはいけない。置けば昔と同じよう混乱する。それがベルが最後にチャーチルに約束させたことだった。それをアメリカが引っ掻き回した。石油を持っている限りアラブがまとまると困る。そこでアメリカはサダム・フセインをやっつけたあとに、バグダッドにわざわざシーア派の政権を置いたのです。だから今、アラブはバラバラになっている。

そこまでであれば、アメリカの中東政策は正解だった。アメリカの思い通りだ。アラブ人はバカなまま石油だけを出していればいい。へたに英君が出て統一されたりしてもらっては困る。アメリカは、リビアのカダフィを最後に潰した。英君は全部、潰していったわけだ。

ところが今、どういう状況になっているか。バグダッドを握っているシーア派が、ダイレクトにイラクにつながっているのです。イランがふたたび中東支配に乗り出そうとしている。イランはシーア派の宗教政権で、ハサン・ロウハーニーが２０１３年から大統領を務めている。その上に、イスラム教の最高指導者としてホメイニの後を継いだハメネイ師がいる。

そういう宗教勢力としてのシーア派が、イラン、イラク、さらにレバノンのシーア派を糾合してスンニ派のアラブ諸国を分断するラインに乗り出してきている。

アメリカはそこまでシーア派にやって欲しくはない。再びイランが出てきてアラブが逆に抑え込まれるというのも具合が悪い。だから今アメリカは、根っ子を断とうとしている。

イランの宗教政権はアメリカが最初に据えたものですが、イラクと組んだ格好でのシーア派なんぞは望んでもいない。そこで、潰しにかかっている。すべてはアメリカの戦略。その戦略についてアメリカの新聞はある程度理解しているから、どんなにシリアを叩こうが、イラクをやっつけようがイランをやっつけようが、口ではなんだかんだと言っているけれどもとりあえず文句を言う程度だ。

イランの押さえ込みは六者合意を勝手に無視したものと批判はするけれども、アメリカの国策と自分たちの利益につながるものとしては擁護する。アメリカの新聞には、そういう特徴がある。

## ●人種を語らない日本の新聞

**阿比留**　アメリカの差別は、実はけっこういい加減らしいんですね。琉球王家・尚氏の関係の方なのですが、1960年代にアメリカの南部に留学経験を持つ沖縄県の女性にインタビューしたことがあります。部屋は黒人女性と相部屋だったそうです。

当時、アメリカのバスには有色人種用と白人用のバスの区別がありました。黒人が白人用に乗ろうとしても乗せてくれない。ところが、その方はとても色白だったので、自分は日本人で黄色人種だと言っても、おまえは色が白いからこっちだ、と白人用に無理やり乗せられたというんです。

**高山**　戦後すぐは難しい期間があったが、やはり日本は戦前の大国でもあり、戦後、経済大国として進出してきた。世界も日本を無視できなくなったんだね。たとえば南アフリカでは1970年代、日本人はオナラブル・ホワイトと言われた。南アフリカは日本人を名誉白人として、白人地域に住むものとしたわけだ。

南アには、定住した台湾人もたくさんいた。しかし彼らは、オナラブル・ホワイトなんかいらない、と言って断固として受け付けなかった。日本人は名誉白人と言われればほいほいいい気になってしまうけれども、やはり台湾人はしっかりしている。そう最初は思っていたら、そんな単純な話ではなかった。

オナラブル・ホワイトとして登録されると兵役の義務が生じる。警察もしくは軍隊に入れられる。ということは黒人暴動が起きれば鉄砲で抑え込む。それが日常業務になる。そうなると、黒人の敵意の対象が今度は台湾人あるいは華僑に向かってくることになる。それで台湾人は名誉白人を選ばなかった。定住化することのない商社マンとしてやってくる日本人とはその辺が違う。

日本の新聞はこういうことはまったく書かない。およそ人種についての問題は書きません。これは特派員で出ていた時の話だけれど１９９４年にメキシコ南部、チアパスで反乱が起きた。取材に行ってみたら反乱分子は日本人と同じモンゴロイドの原メキシコ人、マヤ人だった。

５００年前、スペイン人はここを侵略すると男は使役し尽くして殺し、女は犯した。旧約聖書の「民数記」と同じことをやった。男は死に絶え、今残っているのはそのときにスペインの白人に犯されたインディオの女が生んだ混血児メスチソで占められる。しかしマヤ族の一部は森の奥に逃げ込んでマヤとして生き残った。それがサリナス大統領の時代、ジャングルを出て定住化するよう促された。ただ定住化地域から外には出してもらえなかった。

反乱はそうした差別を嫌ったマヤ人たちによって引き起こされた。その取材で定住集落にいた若いマヤ女性から話を聞いたことがあるけれど、彼女はひと言「マヤの純血を恨む」といった。「祖先は森に逃げ、自分たちの純血と命を守った。でも森に逃げず、白人に犯されていてほしかった。そうしたら私の血にもきれいな白人の血が入り、顔もきれいになって、街に下りて遊べたのに」と言う。ずいぶんと考えさせられる発言だった。

それを80行くらいの原稿にして東京に送ったら、原住民とか強姦といった生々しい言葉や不適切な表現が38か所もあった、だからボツにしましたと外信部長から連絡があった。人種問題は総じてボツだった。日本の新聞はそんなふうに体裁だけ繕った結果、本質は見えない、記事はつまらない、何を言いたいのかも分からなくなっている。

同じころハイチから追放されていたアリスティド大統領を米軍が守って帰国させ就任させようという騒ぎがあった。

ほぼ内戦状態だしエイズもはやっているしで誰も取材に行かないというから立候補した。土壇場でニューヨーク特派員が行くことになったけれど、この騒動も実は人種がらみだった。

傍から見るとアリスティド派も追い出した軍部派も同じアフリカ系の黒人に見えるが実は違う。アリスティド派は黒いけれど初期の植民地時代にフランス人の血が入った混血児のグループ。対して軍部は純血の黒人で、その微妙な差ゆえに憎しみ合っていた。それがハイチの歴史も貫いている。ところがこの騒ぎを報じる各社の記事を見ても、この肝心の違いと、その憎しみが一切書かれていない。それどころか黒人国家ということも書いていない。

同じことは東ティモールにも言える。東ティモールには元大統領のシャナナ・グスマンやノーベル平和賞をもらったラモス＝ホルタがいる。彼らは見かけは白人だけど正確にはポルトガル人と島民の女との混血児でハーフカスと呼ばれる。

東ティモールは宗主国ポルトガルが領有し、原住民の女に産ませたハーフカスが白人父の代理で島民を治めていた。母方の血筋の島民が暴動を起こせば、ハーフカスは容赦なく撃ち殺した。白人の血の一滴は大いに意味があった。

ところが1975年にポルトガルは統治を放棄した。島の西半分、西ティモールを治めるインドネシアが吸収併合してハーフカスも原住民も等しく統治した。

とてもいい政治で、毎年総額3000万ドルくらいを投じて何もなかった島に電気を通し、道路と学校を作り、共通語に西ティモールと同じインドネシア語を教えた。これにシャナナ・グスマンらハーフカスが騒ぎ出した。我々はただの土人ではない、白人の血が入った偉い存在だ。おれたちが島を統治すると言い出した。

たまたま東ティモール沖に海底油田があることが分かり、隣のオーストラリアと旧宗主国のポルトガルがハーフカスを支持し、「インドネシアの圧政から東ティモールを独立させたい」と国際世論に訴えた。

結果はご存じのようにインドネシアを悪者にして1999年、海底油田付きの東ティモール独立だった。ハーフカスと白人による国盗り物語だった。

これも人種を書かなければ何も分からないのに、日本の新聞は一切、それを書きません。今も日本で続いているビルマ人の亡命問題も同じ。難民亡命と言うけれども、あれはビルマ人ではない。ビルマ人は、日本人と同じモンゴル系で、仏教徒で、ビルマ人という民族だ。

山岳民族も、モン、カレン、カチンとあるが、これも同じ。しかし、ロヒンギャというのは、過去にはビルマにいなかった連中です。英国統治を境に入ってきた非モンゴロイド系の人種だ。こういうことを人種問題を避けて書こうとするから、ものすごく無理がある。日本の新聞の国際面は、読んでも意味が分からないということになるのです。

## ●ほころび始めた建前と偽善の時代

**阿比留**　ポリティカル・コレクトネスは日本国内の問題にもやはり悪影響を及ぼします。2016年に話題になった蓮舫の二重国籍問題がまさにそうです。途中から差別の問題に話をすりかえて、ごまかしました。

これは別に差別でも何でもない。二重国籍をそのまま放置していたというのは違法だからダメだという話です。しかも外国であれば、帰化人の国会議員は帰化した経歴を言って宣誓することが必要な場合もあるし、オーストラリアでは二重国籍がばれて次々に議員が辞める羽目になった。

**髙山**　だいたい、名前で分かるでしょう。蓮舫は分かりやすいけれども、でも、全部典型的な日本名にかえるとなると出身が分からなくなってしまうという問題もある。日本人が米国人に帰化しても、ファーストネームをポールだとかなんとかにすることはあっても、姓のほうは残しますね。

**阿比留**　帰化した人が国会議員になることにまったく問題はありません。なったっていいのだけれども……。

**高山**　日本人の名前を名乗るから分からなくなるんだね。

**阿比留**　同時に、そんなことを隠す必要もないわけです。

**高山**　たとえば通名というのがありますね。悪意ある韓国人は、通名を利用して犯罪をやる。銀行預金でも、通名を使って悪さをする。

通名をいくつももっている奴もいると聞く。それを新聞報道は、差別のないようにということで日本人名でやる。

**阿比留**　新聞によって韓国名で報じるところ、日本人名で報じるところとあります。朝日新聞なんかは後者ですね。社是なのかもしれませんけれども、建前と偽善の時代に今ほころび始めていて、少しずつでも変わってきたなというところだろうと思います。もちろん、建前が必要ないかと言うと、そうではない。建前はあっていいんですけれども、あまりにも行き過ぎたというところで反動がきている。アメリカはその典型的な国なのかもしれません。

## ●アメリカ始まって以来の政府と新聞との亀裂

**髙山**　新聞が何紙もあって競争しているなどという状態はごく最近のことです。昔はほとんどが官営で、だいたい政府が作っている。

1815年にナポレオンがエルバ島から脱出してまた戻ってくるが、その時の新聞の有様が有名だ。

最初は、熊が脱出、という見出しから始まる。次に、血に飢えた怪獣がパリに迫ってくる。かなり迫ってくると、将軍がパリに、となって最後は、ナポレオン万歳。見出しがどんどん変わっていく。新聞がいかにいい加減でだらしないものかという証拠だ。

アメリカもまた、18世紀後半ジョージ・ワシントンの時代から、少なくとも3代トーマス・ジェファーソンから、新聞を使うことが政治になってきていた。政府の広報誌であり、ときには政府のやりたい方向へ世論を動かしていた。7代アンドリュー・ジャクソンはその典型だった。

ジャクソンは大いに新聞を利用した。閣僚の半分くらいに新聞記者上がりを当て、それとは別にまた、各新聞社の論説員のような立場の人間をホワイトハウスに入れて食堂で飯を食いながら情報を仕入れたり、政策を決めた。キッチンキャビネットと呼ばれるほどだった。

関係した新聞はジャクソンの言う通りにやる。たとえば、インディアンをミシシッピーのかなた、ロッキー山脈の向こうに追放しろとか決める。最高裁は憲法違反を判決する。インディアンを追放すれば土地が全部、白人のものになるから新聞は騒がない。憲法違反の政策ですら新聞が容認、奨励する時代がずっと続いた。

**阿比留**　『ペンタゴン・ペーパーズ／最高機密文書』（スティーヴン・スピルバーグ監督　2017年米国公開）という映画が話題になりました。

新聞社が政府に抵抗してベトナム戦争にまつわる機密文書をスクープし、最後は最高裁に認められるという話です。新聞にはそういう場面もあったし、これからもあるでしょう。

しかし逆に、「何をやっているんだこいつらは？」というような、新聞がひどい時代の方がずっと長いのだろうと思います。

**高山**　政府と新聞はほとんど共犯関係だね。1898年の米西戦争はその典型だ。キューバが荒れていると言うのでアメリカは戦艦メインを出す。

キューバの在住米国人を保護するという名目で。しかしそれは大嘘。スペインがむしろ奴隷扱いされていた民に押されて危うくなった。しかしそんな得体のしれない独立国ができても困るからアメリカが介入して結局は保護国にしてしまった。

介入の口実はその戦艦メインの爆沈で２５０人以上が死んだこと。

それをスペインがやったと、新聞王ウィリアム・ランドルフ・ハーストの新聞が書き立てたことは前にも触れました。

ハーストは、写真機を持った挿絵画家を自分のヨットに乗せてハバナ沖で張らせる。退屈だぜ、と言う挿絵画家にハーストは「おまえは写真機を構えて待てばいい、こっちは戦争を用意する」。有名な言葉です。ハーストをモデルにしたと言われる映画『市民ケーン』（オーソン・ウェルズ監督　１９４１年公開）の中でも使われた。

ハーストらの狙いも、時の大統領マッキンリーの狙いも、アメリカの国益だった。アメリカは太平洋戦略を考え、そのためにフィリピン、グアムが欲しかった。その口実にキューバを使った。アメリカはまた自国民の死者を口実にする戦争を得意としてきた。それでこのときは戦艦メインの爆沈を利用した。アメリカはこれで英仏独蘭に出遅れたアジアへの進出を一遍にキャッチアップできた。

新聞と政府と軍部が三者一体となり、国益のためなら何でもやるというのがアメリカという国だったのです。

今、トランプが出てきたことで生じている状態は、新聞と政府の、アメリカ始まって以来初めての亀裂です。

# 第5章

# 団塊世代とともに消えゆく旧メディア

●教育を壊す左派リベラル

**髙山**　日本の政治は今までずっと内向きだった。安倍総理になって初めて外向きといぅか外交に力を入れてきた。戦前はあれだけの軍隊を持っていたから一応は外向きをやっているが、ほとんど海外に、いいように利用されるだけだった。日本は、戦前から抗弁のひとつもできないでいたのです。

**阿比留**　実は安倍総理以外に、朝日新聞に逆らった政治家は見当たらないのです。みんなどこかで手打ちします。安倍総理の大叔父の佐藤栄作は新聞は嫌いだと言ったけれども、新聞記者とは話さない、テレビはどこだと言うくらいです。正面切って反論しているのは安倍さんが初めてだと思います。なくなった月刊『諸君！』などにもたびたび登場しては朝日新聞を激烈に批判しています。宿痾《しゅくあ》のようにこびりついた捏造体質だとか、朝日報道の底に流れる邪な意図だとか、報道姿勢がいかに薄っぺらな、欺瞞に満ちたものであるかとか、ものすごいことをいっぱい言っている、そういう闘いの歴史があるんですね。

**髙山**　1979年から始まるサッチャー政権のときの英国の新聞も、今の朝日新聞みたいなものだった。英国は、第二次大戦で勝ったとはいえ、それは名前だけの勝利だ。実際は植民地だったインドもビルマも失ってしまった。大英帝国として残りはするが、それまでの現金収入をすべて失った。

戦後の英国は戦後の日本に似ている。貧乏になり、自虐史観というかポリティカル・コレクトネスが蔓延した。「先生と生徒はお友達」みたいな日教組教育がはやり、小学生は自分の名前すら書けなくなった。英国は植民地政策で世界中を搾取したといった東京裁判史観のような教育になっていた。そこにサッチャーが出て何をやったか。日本を見習った。まず、学習指導要領を作り、学年別にここまで教える、歴史はこう教えるなど、徹底しました。そしてもうひとつ、これも日本の真似で全国統一テストを導入した。統一テストをやるとゆとり教育などをやっている左の先生の学校は成績がうんと悪くなる。一方、学習指導要領に従い、真面目に授業をやった学校のテスト結果はいい。サッチャーは悪い学校の先生の給与を減らし、いい学校の先生にインセンティブを出す。この結果、児童はゆとり教育と自虐史観で消し去られていたネルソン提督を知り、英国がどんなにか強かったこと、世界を圧する大帝国を持っていたことを知っていく。愛国心が芽生え、同時に自虐史観の先生は追放されていった。

そのころまで公務員のストが頻繁に起こり、町にはゴミが山のようにできていた。これを一掃したのもサッチャーだった。サッチャーは戦争も厭わなかった。英国人の子供まで愛国心を肌で感ずるようにさせた。それが1982年のフォークランド紛争だった。国民の愛国心をもう一度かきたて、サッチャリズムはそれで成功した。

サッチャーが真似をした文部省の学習指導要領や全国統一テストに日教組が反対するのは、そういう意味があった。1991~2年に文部大臣を務めた鳩山邦夫が全国統一テストなどやめろ、と言い出したことがありますが、自民党もまったく分かっていなかったということだ。サッチャーが偉かったのは、英国版日教組を潰し、子供たちの知能を上げ、愛国心を復活させ、ネルソンをちゃんと知っていて自国に誇りがもてるような教育をしたことです。新聞に負けないで教育改革をやり、企業改革をやった。企業を海外に売ることも躊躇《ためら》わず、それで英国経済を立ち直らせたのです。

日本はサッチャーにいいことを教えた。サッチャーもおかげで助かったと言っていた。そしてそのサッチャーを見習ったのが、テキサス州知事だったジョージ・W・ブッシュ。息子のほうです。テキサスは学童成績最下位の州でした。ブッシュは指導要領を設け、州統一テストを実施し、成績順に学校にインセンティブを出した。成績の悪い学校の先生は給料も減る。これはあかんわ、というので力を入れだし、テキサスは今では教育レベルにおいてトップクラスの州になっています。ブッシュ息子はそれで大統領選に勝てたのです。教育のブッシュだったんだね。

**阿比留**　第一次安倍政権が２００６年に教育再生会議を設置しましたね。そこでは、サッチャーがやったことをもう一度日本にフィードバックするということをやっていたのです。なぜなら当時の文部省は愚かで、ゆとり教育の真最中だった。

ゆとり教育の宣伝に励んでいた寺脇研氏の同期で仲がいいのがあの前川喜平氏です。前川氏は最近も、女子の貧困調査をした結果、数学でおちこぼれる人が多い、だから教科から数学をなくしてしまえ、などと言っている。

**髙山**　そうかなぁ。出会い系の女子って計算はよくできるのじゃないか。延長どうしますか、みたいに（笑）。

**阿比留**　それはともかく（笑）、結局、常に左とのせめぎあいをやらなければいけないのです。油断すると、左は再び伸してくる。偏差値教育反対だ、ゆとりだ、などと言われて、左に騙される人が多い。それでどんどん国は駄目になっていく。

第一次安倍政権以降、ゆとり教育は少しずつ改まりました。一時期、私の小中学校、時代と比較して、教科書の中身が半分になったんですね。これでは国際競争力もなにもない。元には戻っていませんが、3割くらい戻して、今、やっているのです。左派リベラルの言うことをきいていると、本当にすべてがおしまいになります。

## ●NHKの金銭感覚

**阿比留**　NHKは与野党問わず議員をみんな取り込んでいます。私は、NHK政治部というものはある意味でジャーナリズムではないと思っているんですね。彼らはNHK予算をとるための別働隊だという側面を持っている。で、たとえば社民党であれ何党であれ、NHKが担当すれば必ず地方の出張や講演に同行して報道してくれるわけです。

政治家にとっては自分の宣伝になるからNHKというのは本当にありがたい存在なのです。新聞あるいは民放テレビであれば、売上に結びつかない、あるいは視聴率の取れない政治家については何をやっても取り上げません。しかし、NHKだと律儀にやってくれる。

あるときＮＨＫの記者が、ＮＨＫの『日曜討論』という番組について社民党から文句がきた、と怒っていました。もっとちゃんと社民党の時間をとって放映しろ、という文句です。ＮＨＫの記者は、社民党なんかウチしか放映しないじゃないか、映すだけありがたく思えとぶつぶつ言っていましたね。

役職ある大臣なども同じです。地方視察などに行けばローカル局を含めて必ずちゃんと放映してくれる。宣伝になるわけです。新聞だと政治面で、こんな派閥と派閥が争っていて政治家同士の人間関係がこうで政治家がこんな変なことを言って、などと書きますが、ＮＨＫは普通に表のいい場面を映すだけです。政治の裏側のドロドロなどは、特集はあるかもしれないけれども、まず普段のＮＨＫにはない。政治家にとってはありがたいのです。

したがって国会のＮＨＫの予算審議はいつもシャンシャンで終わります。受信料を取っているにもかかわらず、年に１０００億ほどの予算がつく。しかもＮＨＫは、いろいろな事業に乗り出しています。

**髙山**　すごい予算だよね。受信料だけでやっているわけではないから、英国のＢＢＣとも違うんだな。

**阿比留**　あまやかされていますね。ＮＨＫは金銭的に恵まれ過ぎている。彼らは、ものすごい金の無駄遣いをします。たとえば、総理動向取材です。２０１３年、最末期ですが小泉純一郎さんがフィンランドに行ったことがありましたね。ほとんど社員旅行でした。私は産経新聞として動向しましたが、当然、私ひとりです。

ＮＨＫの登録名簿を見たら、カメラマンや設備スタッフを含めて同行者が50数人いましたよ。ヨーロッパ総局の人たちもみんな来ていました。仕事をしている人はほとんどいなかったと思いますね。ＮＨＫに対しては、みんなもっと厳しい目で見たほうがいいのです。

これは古い話になりますが、私が振り出しの支局勤務の時、参議院補欠選挙がありました。取材の移動でタクシーが拾えないんですね。なぜか。参議院補欠選挙の１カ月間、タクシー会社一切をＮＨＫが借り切るからです。また、テレビによく出てきますが、内閣改造とか組閣の時期がありますね。数日間、特に忙しくなるわけですが、産経新聞なんかは弁当も出ない。ところがＮＨＫなんかは高級弁当がたくさん出ていて、それも食べきれずに半分くらい捨ててあるんですよ。

**髙山**　私も、ひとこと言わせてくれ（笑）。70年安保前、それこそ毎日かり出されていた。

デモもある、騒乱もある。蒲田争乱だ、羽田騒乱だ、と連続した。東大紛争のときなどは徹夜です。

ＮＨＫは仮眠車がやってきた。でっかいバス型の仮眠車。そのうえ、朝も昼もホカホカの飯が弁当に出る。浅間山荘に行った記者に聞いてもらえば分かりますが、産経新聞はせいぜいシャケ弁だよ。ほとんど凍っているような冷たいシャケ弁。かたやＮＨＫはホカホカに湯気のたった飯。どうしてこんな金の使い方ができるんだと思うくらいだったね。単なるデモの同じ取材でも、待遇がまったく違う。

**阿比留**　私と同じく番記者をやっていたＮＨＫの記者なんて、おそらくＮＨＫの寮がそこにあるのだと思いますが渋谷に住んでいて、官邸まで毎日ハイヤーで来ていましたね。若手記者ですよ。それでもＮＨＫの記者は、俺らは民放より給料が低い、といつも文句を言っていた。ＮＨＫにはいろいろ批判があって、最近、少しだけまともになってきたようではあります。

## ●つり上がった賄賂の相場

**阿比留**　裏が取れていない聞いた話という前提でお話ししますが、ＮＨＫでシルクロードの番組をやっていましたね。１９８０年代にシリーズで放送されて話題になりました。『ＮＨＫ特集 シルクロード』が総タイトルでした。あの番組の取材の時には、中国当局に対して賄賂代わりにテレビカメラをわざと現場に置いていったりしていたそうです。当時はものすごく高価だった１０００万円くらいはするテレビカメラを提供するわけです。

また、シベリア抑留の取材についてこんな話があります。ソ連も賄賂世界でした。モスクワ支局の人たちとやりとりをしていて、シベリア抑留についての資料を発掘したり探したりする時にはソ連の資料館が金を要求してくる。仕方がないから多少は払う。そういう流れの中で、ＮＨＫがいったんそのソ連の資料館などに取材に入ると、その後、要求される金額の相場が10倍になるというのです。ＮＨＫが相手の言い値を気前よく払うからですね。

**高山**　私も経験がありますね。１９８０年代の前半、『アジアハイウェイを行く』という企画でアジア諸国を巡った。車2台の、本当に貧乏旅行。ゲリラが活動していてアフガンが本当に危ない時期だった。

カイバル峠を抜けてトルファンというところから入り、ジャララバードを経てアフガニスタンの首都カブールのほうに行く。ごく通常のルートなのに入国ゲートで、日本のジャーナリストですと言うと、1人7000ドル払え、と言う。なんのことだと尋ねると、入国料だ、と言うんですね。ビザも出ないような戦乱状況で何が入国料だ、と文句を言ったら、NHKは7000ドルずつ払って入ったよ、と言う。冗談じゃない。そんな金は払えないからずっと南のクエッタのほうから別の、カンダハルを抜けるルートを使った。そっちはNHKが来ていなかったからタダで入れた。タダで入れたんだけれども、すぐに盗賊に追いかけられて、死ぬ思いをした。

ありえない金額を請求してくるのは、それはすべてNHKがばら撒いていったからだ。普通に考えて国境のチェックポイントで何千ドルとか金を払いますか。

東西冷戦は終わりかけていて、今までアメリカについていた国、ソ連についていた国に、東西からはもうお金が出なくなった、どうやってこの国の人たちは冷戦後を生きるのか、という取材をしながらアジア大陸を横切る旅をするというのが『アジアハイウェイを行く』のそもそもの企画だ。私たちは、随分苦労してイスタンブールまで行った。

冷戦が終わってしばらくしてNHKが、『アジアハイウェイを行く』というタイトルを使わせてほしい、NHKでも同じ企画をやりたい、と言ってきた。別にかまわないよ、と返事をした。あとでNHKが作った番組を見て驚いたね。大名行列だ。番組の最後に、ものすごい数の名前がずらずらと並んでいた。

映像集では何の意味もない。貧困だけを撮っている。こんな貧しいところがある、ここに住む人たちは明日どうやって生きるの、というだけ。そんなことは別に、アジアハイウェイを伝って行かなくともできてしまう。

私たちの企画の主題は、冷戦後に彼らはちゃんと自立できるのか、ということだった。ヒントになったのは、九段のインド大使館の館員の話だ。大英連邦に入りながら、インドは非同盟諸国連盟のリーダーも務めていた。国連では何十票も動かせる。それでソ連が接近し、ずいぶんと援助をもらっていた。だからいつもふんぞり返っていた。ところがソ連が解体し、冷戦構造がなくなった。そうなるとどこからも援助が来ない。青くなって自立の道を探し始めた。こっちが取材に行っても昔はお茶一杯も出なかったのが、急に紅茶が出てケーキもついてきた。

これからは日本と仲良くしていきたい、という。それならこの千鳥ヶ淵沿いの一等地を売ればかなりの金が入るし、日本人も喜ぶよと忠告してやった。今まで米ソの間でバランスをとり、うまくいけば両方から援助金を引っ張り出していた国はこれからどうするのか。それでこの企画をやった。

そういった目的をもった取材ならいいけれども、ＮＨＫがやるのは、人がすでにやって評価も良かった話のテーマだけをポンと抜き、あとは一切取材もせずに貧乏人を追いかけ回して、どんなにお腹へってんの、みたいなつまらないことばかり。

あげくのはてには２０１７年12月のＮＨＫスペシャルでやった『７３１部隊の真実』だ。１９４９年の12月にソ連のハバロフスクで軍事裁判があった。その裁判で使われた音声テープをＮＨＫが見つけた。７３１部隊が残虐でひどいことをしたことの新たな証拠だというんですね。

７３１部隊は、前にも触れたように、まったくのでっちあげ。アメリカの正しさを偽装するために日本の残虐さを捏造したのが７３１だ。それをＮＨＫは、アメリカの思惑通り、こんな残虐なことをしました、と放送した。これは犯罪だ。ビル・クリントン政権の時に公文書館を全部ひっかきまわしても何も出てくることなく、まったくの言いがかりだということが分かっている。ひどい話だ。

## ●いいかげんだったNHK番組改変問題

**阿比留**　2005年のNHK番組改変問題で、長井暁チーフプロデューサーが出てきて涙ながらに、政治家の圧力で番組を改編されたみたいなことを言いました。世間もその流れにそって報じていました。

私はテレビで見ていましたが、まったくの嘘だと思いました。当時、安倍さんは官房副長官の若手で、中川昭一さんも農水大臣をやったとはいえ若手です。自民党内では少数派のチンピラ扱いですよ。それが大NHKに圧力をかけられるわけがないんです。NHKは政治部を中心に歴代自民党幹部と皆つながっています。力関係からいって、当時の安倍さんがたとえ本当に何か言ったとしても、それを圧力に感じるかといったら屁にも感じないはずです。政治家イコール悪、政治家は権力でマスコミは被害者みたいな非常に歪んだ構図でマスコミは報じていました。

**髙山**　事件として報じた朝日新聞の本田雅和は、安倍晋三の自宅のインターホンを鳴らし続け、つまらん質問を何度も何度も繰り返して、それを全部テープに録っていたと聞いたね。

**阿比留**　本田雅和氏が安倍さんと中川さんの自宅にアポなしで無理やり行った当日、お２人から私に電話がかかってきました。安倍さんと中川さんと別々にです。中川さんは、朝日の記者が来て何か変なことを言っているんだけど意味が分かんないんだよな、と言っていた。安倍さんは、なんか私をはめようとしているのかな、みたいなことを言っていた。あんまりしつこいから対応に出たんだけど、よく分からないことを決めつけてくるので何を言っているんだろう、という話でした。話を聞く限りはぜんぜん詰められた話ではないから記事にはならないのではないですか、と答えておいたところ、翌朝、第一面に記事が出ていた。そもそもが、いいかげんな取材です。

**髙山**　圧力をかけられたとかと言っていたのは２００１年放送の『戦争をどう裁くか』というシリーズのうちのひとつだね。あれに出てきた「女性国際戦犯法廷」の主催者のひとりは元朝日新聞の松井やより。それと、北朝鮮の活動家も入っていたね。

**阿比留**　黄虎男「従軍慰安婦」太平洋戦争補償対策委員会事務局長とかですね。

**髙山**　朝日が失敗したのは、本田が暴走したのもあったけれども、そもそもＮＨＫが乗ってこなかったからでしょう。

**阿比留**　ＮＨＫもさすがに、これは違うと思ったんでしょうね。当時のＮＨＫは今より良心的だったのかもしれません。いや、良心はなくても常識はあったということかもしれませんね。

## ●第三者委員会設置は質の低下の表れ

**髙山**　テレビ局にはＢＰＯという、ときには機能していないけれども、いちおう放送倫理を監視する組織がある。

新聞は独立していて、自分たちは良識のかたまりであって自分たちで出処進退は判断できるみたいなことを言って、それでやってきた。しかしたとえば、本田雅和が自民党のやがては大物になる２人をはめようとしたわけだ。

**阿比留**　反朝日新聞的な考えをもつ２人を、ということですね。

**髙山**　それを朝日自身が裁けないわけです。誤報だから、おわび訂正で終わらせればいいのに、しかしそれをしなかった。共同通信の原寿雄とか憲法学者の長谷部恭男とか外部有識者みたいなのを呼び、結局、取材が不十分だった、とした。これはひどい。十分取材をすれば本当だったと思わせている。取材が不十分だったのではなくて誤報だとしなかった。長谷部も原も朝日の金で雇われていた。ひどい話だ。

**阿比留**　新聞各社は取り上げませんでしたけれども、その件で２０１８年の2月の国会で安倍さんは、朝日は私に謝罪していない、と文句を言っていました。

**高山**　本田雅和のように自分でよしあしを判断できない新聞記者が出てきたということに、とにかく私はびっくりした。その後、調査委員会とか第三者委員会とか、いろいろ作るようになったね。

**阿比留**　吉田調書のときも作りましたね。慰安婦報道のときも作りました。

**高山**　結果的には、責任逃れをやっているのです。良識を持ってと言いながら、新聞社として自分の行動すら判断できない。

**阿比留**　しかも、反省したと言っておいて、その反省をころっと忘れて再び一からやるという。

**高山**　モリカケも第三者委員会を作るハメになるんだろうね。言ってみればすべて下衆の勘繰りで記事を書いている。これは、ものすごい誤報だ。小川榮太郎の言う通りだろうと思う。

良識をもっていないということになり、自分で判断できないようになったら、新聞は新聞をやめるべきでしょう。

百歩譲って自分で判断できないのであれば、新聞社同士でテレビのBPOに相当するような機関を作らなければ駄目だ。朝日新聞が第三者委員会に頼るということは、自分たちの質がこれだけ落ちているということを、朝日自ら認めているということだからね。

**阿比留**　朝日はかつてジャーナリスト宣言などと掲げて、「私たちは信じている、言葉のチカラを」などと言っていました。しかし朝日はもう言葉の力を信じていない、司法の力しか信じていないようです。

言論で闘わず、気に入らない本を書いたからと文芸評論家の小川榮太郎さんを訴えた件などそれを表しています。

2018年の3月頃から放送法4条の撤廃が検討されています。以前に安倍総理が言っていたのは、どうせあったって守っていないのだから公正中立な顔をするのはやめなさい、ということですね。偏向報道しかしないのであれば、最初からそういう立場でやりなさい、ということですね。

## ●規制があること自体がおかしいテレビという存在

**髙山**　この前、ロシアを旅行しました。びっくりしたのは、テレビのチャンネル数です。でかいけれども貧しくて、せいぜい韓国くらいの国民総生産しかないロシアですが、テレビ局の数は地上波が12くらいある。ケーブルは80くらいあった。

日本は今、地上波の全国局がＮＨＫを入れて５局かそこらでしょう。私がよく行く下田なんかはテレビをつけると４チャンネルしかない。みっともない感じがするんだよね。電波の認可のやり方を変えようという動きもあると聞いている。電波オークションだね。

**阿比留**　日本の場合、参入者が出てこないのではないかという説があるんですね。インターネットＴＶの方が、費用がぜんぜんかからないし、これからは有望なのではないかと言われています。

**高山**　競争相手があれば出てくるでしょう。今、地上波は数局の独占状態です。立ち上げてよいと言われれば喜んで立ち上げる企業は出てくると思うよ。ロシアですら、あれだけたくさん流れているんだからね。すべてロシア語のチャンネルです。その他に米国のケーブルチャンネルもあれば、もちろんＢＢＣも流れている。

**阿比留**　若者は今、テレビを見ませんからね。

**高山**　しかし、投票権を持っているのは若者だけじゃないからね。

**阿比留**　もちろん当面はそうですけれども、それほどの展望が将来的にあるかというと、どうかな、という気がするんですね。

**高山**　そもそも規制があること自体がおかしいわけ。参入者があろうとなかろうと規制ははずすべきだしね。

ＤＨＣとか、そういった資本をもつ企業はやれるだろうし、そういうところはけっこう多いのではないかと思うよ。好きなことを流せる。今みたいに従来の割当が前提の地上波チャンネルを見ている限り少なくとも、原発は絶対に賛成です、とコメントする奴はひとりも出てこないでしょう。今は、そうコメントしたとたんにアウトだと聞くしね。電波オークションよりも放送法４条を潰す方が先になるのかな。

**阿比留**　４条撤廃についても今は民放各局が反対しています。どうして反対しているのかよく分からないんですけれども。利権を守りたいということもあるんでしょうね。また、４条が撤廃されてしまうと、自分たちは公正中立でやっているという建前がなくなってしまいます。今は、実際には偏向報道しているけれども公正にちゃんとまじめにやっているというふりをしているというわけで、それができなくなってしまう。

**高山**　原発ひとつとっても、反対論ばかりというのはいかがなものか。政局を語るにしても、一強はいけない、といった論法でしかやらない。テレビを点けるとモリカケしか出てこないのはやはり異常だよ。異常だと思わないほうがおかしい。

## ●拡散の強みと若者世代

**阿比留**　実際、高山さんはいろいろ番組をやられていますね。私も最近、あちこちの地方に行くと、「虎ノ門ニュースで観ました」とか、よく言われます。ネットを利用している人はかなり多いんだな、と思いますね。

**高山**　「虎ノ門ニュース」だとかは、ニューヨークで見ていますとか、パリで見ていますとか言われて、えっ、と思う。インターネットだからだね。

**阿比留**　ネットが興味深いのは、拡散する、というところですね。最初に観ているのは数万単位であっても、拡散して、実はもっともっと増えていく。

**髙山**　今の地上波を見ている限り、偏向していることは明らかです。家庭に流れているものが、あんな一方的な論調だけであるのはいかにもおかしい。

**阿比留**　その影響もあって、若者とそれ以外の意識がぜんぜん違いますね。20代30代は安倍政権を支持し自民党を支持する。

60代70代はアンチ安倍。はっきりしているんですね。家で地上波を見ている人と、そもそも地上波を見ていない人との差でもあるかもしれません。若者の場合はまた違う理由もある。

最近は就職率が良くて、自分の兄ちゃん姉ちゃんは冬の時代だったのに自分は割といいところへ入れた、というようなこともあるようです。

## ●相互検証ができるインターネット

**阿比留**　インターネットは、相互検証ができます。もちろん玉石混交だとよく言われるけれども、私はいいと思いますね。吉田清治の話でいうと、産経新聞は平成４年（１９９２）４月の段階で、石川水穂さんという私の先輩記者が、吉田証言は信憑性がないということを社会面トップで書いています。しかし当時はインターネットがまだ普及していないから、朝日新聞は無視した。知らんぷりして検証もしませんでした。今、産経新聞の社会面トップで、これは間違っています、と大きく書けば、実際にはどうなの、という話がすぐにネットで広まります。その時点で朝日新聞は、なんらかの答えを見つけなければいけなくなる。現在は、以前とはまったく違う情報環境にあります。

また、産経新聞は確かに部数は少ない。けれどもインターネットが普及したことによって、部数以上の発信力、影響力をもてるようになりました。新聞販売というところではどうか分かりませんが、少なくともインターネットは、世の中のためにはいいと思いますね。

**髙山**　１９９０年代から、活字である新聞は将来どうなるのか、電波新聞になるだとかなんだかんだ言われてきた。産経新聞はまったくかわいそうなくらい広がりのない部数しかなく、広告をはじめいろいろ問題はあるにしても、ここにきて産経が全国区になったというのは、やはりインターネットのおかげだ。

しかし、インターネットがあるからといって安心していいかという問題がある。たとえばハリウッド映画は、ハリウッドのスタジオで作らないかぎり、上映商品、ビデオ商品になって出ていくことはない。ＵＳＪのようなエンターテインメントスタジオができることもない。だから、コンテンツとしての紙、ペーパーというものは絶対に残ると思うし、それは、むしろ残さなければいけないものだというふうに私は思っていますね。

**阿比留**　うちの幹部が言っていましたが、将来的に新聞の業態は、新聞も発行する情報産業、そういうふうになっていくのではないかと。ちなみに朝日新聞に関しては大丈夫ですね。ある人が朝日の経営は大丈夫ですかと聞いたら、うちは不動産があるから、と朝日の人間が言っていたそうです。おかげさまで大阪のツインタワーも好調で、と言っていたという話です。アベノミクスのおかげですね。

**髙山**　銀座にもビルを建てたというし。

**阿比留**　その点、産経新聞は不動産をとっくの昔に売り払っているから何もありません。

**髙山**　２０１７年に朝日新聞の詐欺的な国有地取得というのが話題になった。築地本社の敷地ですね。国有地の払い下げがどうのこうのというので、例の籠池、森友学園の問題になった。突き上げられた財務局に言わせれば、てめえんとこは何やってんだ、ということだね。まったく、でたらめ。朝日新聞だって、瑕疵付きの、ゴミが埋まっているようなところと築地をむりやり等価交換させたり、汚い手をすべてやっているわけだ。

人のことは言えないだろうとよく言うけれども、人のことを言えてしまうあの神経が、私には分からないね。１９８９年に珊瑚落書き事件があり、それから10年もしないうちに朝日新聞は、「ＫＹって知ってる？」という内容の記事を出した。ＫＹと言えば、社長の首まで飛んだ珊瑚落書きの捏造記事事件です。よく恥ずかしげもなく、こういうことができるもんだ。

**阿比留**　ＫＹ、空気が読めないの略だと言って、安倍さんを批判していたんですね。

第一次安倍政権の頃です。

**髙山**　見た瞬間に、朝日の記者がよくKYと書けるなと思ったね。反省があったら書けないよ、あれは。

**阿比留**　ぜんぜん覚えていないんです。

## ●インターネットと名誉毀損

**髙山**　BPOに当たるもの、新聞協会を自分たちでどういう格好で作るのかということでしょう。

**阿比留**　しかし、そんなものは信用できないですよ。結局、第四の権力と呼ばれているマスコミを監視しているのがインターネットということになります。

**髙山**　結果的にそうなるね。やはり、インターネットはそういう意味で重要になってくる。

**阿比留**　国民によるマスコミ監視機関というような位置づけでしょうね。

**髙山**　テレ朝セクハラ問題の被害だとかいう女性記者なんか、すぐに実名で出てきちゃったものね。びっくりしたよ。

**阿比留**　確かに早いんですね。かつて私、２００７年頃に、産経紙面で小沢不動産問題というのを書き始めたんですよ。小沢一郎が資金管理団体を通じてマンションを買い漁っているという。

記事を書き始めると、インターネットに、私より先に新しい物件を見に行ったり写真をアップしたりする人がけっこう出てくるのです。私の記事がきっかけになった部分はあるにせよ、先行取材をやっているんですね。私がまたそれを参考にしながら書いたりして。

一方で、インターネットにおいてはこれから訴訟が増えるのではないかと思います。今の刑事訴訟法、刑事裁判のありかただと、民事も含めて名誉毀損での告訴のハードルが非常に低いんですね。

**髙山**　挙証責任つまり、証拠を用意して無罪を証明する責任をすべて押し付けられてしまう。

**阿比留**　日本独特です。訴えた者勝ちになってしまう。たとえば私自身もそうですが、Facebook の投稿だとか Twitter のつぶやきで訴えられている人が増えています。これはこれから問題化してくるかもしれませんね。

**高山**　挙証責任は、昭和20何年にどうしたとか、そういうことまで全部やらなければならないんだね。物理的に無理だよ。訴えられて、事実はこうだ、というのを向うが出してきて、おかしいではないか、と言われる分には、新聞記者だからちゃんと証拠もあることだし、いいのです。お互いに挙証責任があればいいけど、今の日本の場合には、すべて訴えられた側にその責任がある。訴えられた奴が自分で証明しなければいけない。厳しいというよりも、あってはいけない仕組みでしょう。だから、スラップ訴訟などというものが起こる。簡単に言うと、いじめること、困らせることだけを目的に起こす訴訟です。

**阿比留**　左の界隈が今、盛んにやっていますね。朝日の植村隆元記者が、櫻井よしこさんや西岡力さんを訴えたでしょう。高木健一氏という有名な弁護士もあちこち訴えまくっています。左の界隈は今、裁判シフトを敷いて反対勢力の言論を封じようとしている。これは本当に問題にしていかなければいけません。

**高山**　嘘だと言うなら証拠を出してくれ、と普通は言うでしょう。それを嘘だと言われた方からのみ出さなければいけないのが名誉毀損です。

**阿比留**　それが今の日本のルールです。

**髙山**　勝てないよ。最初から勝負が決まっているようなもんだよね。

**阿比留**　スラップ訴訟などの濫訴を制限するようなものを整備していかないと、特にインターネット社会では何があるか分かりません。

**髙山**　ＫＹと同じようなものだけれども、朝日新聞みずからが、スラップ訴訟が今はやっている、とか書くからね。ふてぶてしいというか鉄面皮というか、読んでいて本当に腹が立つ。

**阿比留**　勝海舟の言葉にこういうのがあります。「世に無神経ほど強いものはない。見てみろ、あのとんぼを。尻を斬っても平気なふりをして飛んでいく。」『氷川清話』にそういうことを書いています。

左翼に限ったことではなくて、大企業には、そういうところがあるんですね。人間関係も地位も組織内で完結してしまうから世間の声が聞こえない。あるいは耳をふさぐことができるんですね。２０００年に三菱リコール隠し事件というのがありましたが、タイヤの脱落事故とかかなり大きい問題を起こしても、三菱自動車工業のような財閥系の大企業になると、隠蔽しようとする。朝日も大企業ですから、同じことをやるのです。

**高山**　三菱はさんざん叩かれたけれども、朝日はあまり叩かれないからね。

**阿比留**　叩かれたときには応援団が出てきて庇いますからね。

## ●朝日新聞は不動産業

**高山**　不思議なのは、これだけ誤報と捏造をやってきても朝日新聞が健在でいるということだね。たとえば1972年、沖縄返還に絡んだ事件だけれども、毎日新聞記者の西山太吉が女性事務官を酔わせて関係し、機密外交文書を引き出して問題になったことがあった。あれで毎日新聞はずいぶん部数を落とした。そこへいくと朝日新聞は打たれ強い。西山太吉レベルの問題なら、珊瑚礁事件もそうだし、いくらでもあるよ。本当に400万部を切ったのかね。

**阿比留**　それはよく言われますね。ABC（販売部数公査機関）ではまだ600万部近くあることになっているらしいんですけれども、一部は押し紙と根強く言われていますから。ただ、先ほども触れましたが、朝日の幹部が言うように、不動産が堅調である以上は大丈夫なんですね。毎日新聞は、まだ残ってはいるけれども不動産を相当売っています。毎日は不動産を切り売りして生きている。朝日の不動産事業はけっこう調子がいいのです。つまり朝日の本業は、すでに新聞ではないんですね。

## ●理想的なメディアの体制

**阿比留**　私はインターネットを評価します。けれども、やはり今後もある程度訓練された「記者」という存在がないと質が落ちていくと思うんですね。

たとえば学者さんが専門分野のことを書くのはいいけれども、言論空間としてはそれだけでは成り立たないわけです。日々の出来事を、コンパクトに優先順位をつけて世間に知らせるという機能はいる。しかし、新聞社の体力が落ちると記者も育てられなくなっていく。

これからのことについては、そこが不安ではあります。もちろん、訓練を受ければみんなまともな新聞記者になるのかというとそうではない。でも、やはりある程度の基礎訓練は必要だと思うんですね。

**高山**　同感ですね。最近、時間がないのなら代わりに誰かを夜回りさせろ、ということもあるらしい。地方支局に行ってサツ回りをやり、県政記者クラブを回る。本社にあがってサツ回りをやり、警視庁へ行って、いちおうのバックグラウンドの能力をつけてから政治なり経済なりまで行く。昔はそういう、あたりまえのルーティンのコースがあったわけ。

それが今聞いてみると、サツ回りもほとんどしないみたいな風潮があるようです。私は１９６５年に新聞記者になりました。私が支局から上がって東京でサツ回りをやっていた頃の日経だとかＮＨＫだとかサツ回りもせずにいきなり警視庁クラブに来たような奴らはやはりどこか幼稚だった。こんなので大丈夫かな、と思うようなところがあったね。

記者の練度が落ちることが心配だというのは阿比留くんの言う通りだ。昔は、記者会見の時点から取材を開始するなどということはない。記者会見に出る前に、裏で関係者から話をほとんど聞いてしまっているのが普通だった。取材とは、そういうものだ。そのために懸命に人脈というものを作っていた。

今は記者会見が取材の最初の場面であって最後の場面みたいになっている。そこで何をやるかといえば、言い間違えを追及すること。言い間違いをいちいち取り上げて、判で押したように、こんな社会を侮辱したことはない、と書く。テレ朝のセクハラ問題で麻生太郎が、セクハラ罪という罪はない、と批判した。

こんな当たり前の批判もちゃんと聞けない。記者が寄ってたかって糾弾する人民裁判みたいになっている。

**阿比留**　今はもう止めていますけれども、第一次安倍政権のときに、昼夜の総理ぶら下がりというのがありました。各社ひとりが行けば済む話です。朝日新聞は５人も６人も記者を出し、あちこち、いろんな角度から質問を浴びせてなんとか失言を引き出そうとしていた。本当にえげつないのです。

理想的なメディアの体制はと聞かれても、はっきり言って分かりません。分からないんですけれども、世の中に、記者業というのはやはり必要なのだろうと思います。

# おわりに

20世紀の米国の著名なジャーナリスト、リップマンはジャーナリストの実態と本質について著書『世論』で次のように指摘している。

《自分が弱いものだということを理解すればするほど、客観的な検査方法が存在しないかぎり、自分自身の意見のかなりの部分が自分自身のステレオタイプ、自分自身の規範、自分自身の関心の強弱によって成り立っていることを抵抗なく認めるようになる。ジャーナリストは自分が主観的なレンズを通して世の中を見ていることを知っている》

ところが現代日本のマスメディアや、テレビで大きな顔をしてコメントを述べているジャーナリストらはどうだろうか。彼らが権力の監視だとばかりに「安倍晋三首相が悪い」「安倍外交は失敗ばかりだ」などと語っている姿は、自身は絶対的に正しいと言わんばかりではないか。

彼らは報道人らしく明確な根拠を示すことはせず、あくまで彼らの主観、ステレオタイプでしかない、根拠も知れぬ決めつけを読者、視聴者に上から目線で押し付けている。そして、敵または悪と勝手に認定していた相手に対しては、人権も反論権も認めずに攻撃し続けるのである。

現代の魔女狩りを取り仕切る司祭でも気取っているのか。それにいつも一定の世論が扇動されて無意味なバカ騒ぎが繰り広げられ、社会を停滞させていく。

《ジャーナリストに可能でありまた要求されてもいる仕事は、人びとの意見形成のもととなるいわゆる真実といわれるものが不確実な性格のものであることを人びとに納得させること》

《ニュースと真実とは同一物ではなく、はっきりと区別されなければならない。これが私にとってもっとも実り多いと思われる仮説である。ニュースのはたらきは一つの事件の存在を合図することである。真実のはたらきはそこに隠されている諸事実に光をあて、相互に関連づけ、人々がそれを拠りどころとして行動できるような現実の姿を描き出すことである》

リップマンはこうも記している。真実は不確実でおよそ掴み難いものであり、たくさんの事実を結びつけ関連づけでひとつの仮説を立てることすら困難である。にもかかわらず、当たり前のように自分は真実を知っているとばかりに振る舞うマスメディアや大物ジャーナリストとはいかなる存在だろうか。

彼らは自分たちの個人的な考えや思い込み、好悪の念に過ぎないものを真実と偽って広めようとしているだけではないか。それはかえって読者、視聴者を真実から遠ざけることにつながり有害である。

マスメディアと一部ジャーナリストの罪は重い。それと同時に、こうした旧態依然としてふんぞり返った実像が世間にだんだん知られるようになり、フェイクニュースが糾弾される時代にもなってきた。マスメディア側も岐路に立たされている。

もちろん、それは産経新聞も筆者自身も免れることはできない問題である。各方面からの批判もまた甘んじて受けざるを得ない。ただ、自分たちの弱さを知っている分、他のマスメディアやジャーナリストよりもほんの少しだけは事実に対し謙虚に向き合ってきたつもりである。

今回、思いがけず産経新聞の大先輩である髙山正之氏と対談する機会をいただいた。髙山氏はご存じの通り、週刊新潮の連載コラム『変見自在』の著者であり、博覧強記のジャーナリストである。歴史に関する知識と経験の豊富さは、本書を一読してもらえばよく分かるだろう。

筆者も対談を通じて、改めてさまざまなことを教わった。浅学非才の身であり、高山氏の話についていくのも大変だったが、非常に楽しい対談となった。刺激的な一冊に仕上がったとも自負している。

マスメディアが今後も生き残っていけるのか、それとも大きな淘汰と変化の波に飲み込まれるのかは分からない。

ただ、いずれにしても本書で論じ合ったような旧弊からは一刻も早く脱して、もっと本当に読者と日本国のために役立つ存在となることを、メディアの片隅で禄を食む者として切に願う。

阿比留瑠比

2019年1月

## 阿比留瑠比（あびる・るい）

産経新聞論説委員兼政治部編集委員。1966年生まれ。福岡県出身。早稲田大学政治経済学部卒業。1990年、産経新聞社入社。仙台総局、文化部、社会部を経て、1998年から政治部。首相官邸、自由党、防衛庁（現防衛省）、自民党、外務省などを担当、首相官邸キャップ、外務省兼遊軍担当などを歴任。2013年、政治部編集委員。2015年、論説委員兼政治部編集委員。著書に『偏向ざんまい　GHQの魔法が解けない人たち』『だから安倍晋三政権は強い』（いずれも産経新聞出版）、『総理の誕生』（文藝春秋）、『安倍晋三の闘い　官邸からの報告』（ワック）など多数。趣味は読書（好きな作家は藤沢周平）とサイクリング。

×

## 髙山正之（たかやま・まさゆき）

ジャーナリスト。1942年生まれ。東京都出身。東京都立大学卒業。1965年産経新聞社入社。社会部次長を経て、1985年から1987年までテヘラン支局長、1992年から1996年までロサンゼルス支局長。1998年より3年間、「髙山正之の異見自在」を執筆。2001年から2007年まで帝京大学教授を務める。著書に変見自在シリーズ『日本よ、カダフィ大佐に学べ』『マッカーサーは慰安婦がお好き』『プーチンよ、悪は米国に学べ』『習近平よ、「反日」は朝日を見倣え』『朝日は今日も腹黒い』『トランプ、ウソつかない』『習近平は日本語で脅す』（いずれも新潮社）、『アジアの解放、本当は日本軍のお蔭だった！』（ワック）など多数。


# マスメディアの罪と罰


2019年2月10日　初版発行

発行者　横内正昭
編集人　岩尾雅彦
発行所　株式会社 ワニブックス

装　丁　木村慎二郎
構　成　尾崎克之
編　集　川本悟史（ワニブックス）

〒150-8482
東京都渋谷区恵比寿4-4-9 えびす大黒 ビル
電話　03-5449-2711（代表）
　　　03-5449-2716（編集部）
ワニブックスHP　http://www.wani.co.jp/
WANI BOOKOUT　http://www.wanibookout.com/

印刷所　株式会社 光邦
ＤＴＰ　アクアスピリット
製本所　ナショナル製本




ISBN 978-4-8470-9765-2